한국어 문장
바로 쓰기

ㄱㄴㄷㄹ 외국인 유학생을 위한 교양 한국어

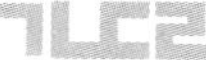

한국어 문장 바로 쓰기

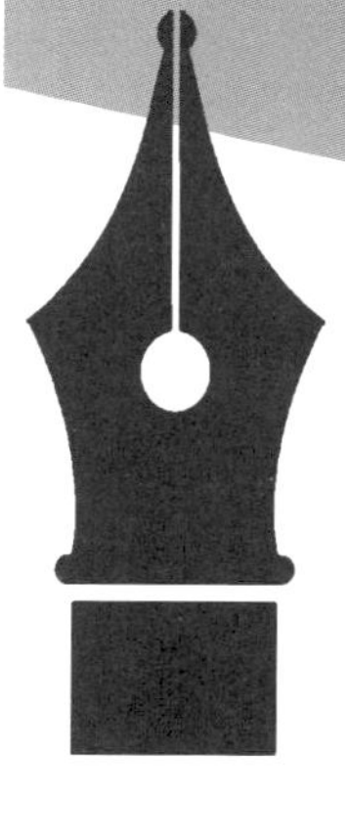

김경훤 유하라 현원숙 김희경 오광근 홍은실 지음

성균관대학교 출판부

　최근 한국 대학에 유학생 수가 많아짐에 따라 그들의 학업 능력에 대한 관심도 높아지고 있다. 일반 목적의 한국어와 대학에서 필요한 학문 목적의 한국어는 그 내용과 수준에 있어 큰 차이가 있다. 유학생의 원만한 대학 생활을 위해서는 한국어 교육원에서 배웠던 일상생활의 영위를 위한 기초적 한국어 능력만으로는 부족하다. 대학에서 이루어지는 의사소통은 격식적인 상황에서 문어 중심으로 진행되는 특징이 있기 때문이다. 또한 일반교양 지식은 물론 전문 지식을 학습할 수 있는 정도의 한국어 능력도 필요하다. 이러한 언어 능력을 제대로 갖추지 못한다면 유학생들이 대학 생활을 영위하기 힘들다. 그리고 무엇보다도 대학에서 수학 능력을 극대화하기 위해서는 학습 언어 능력을 키우는 것이 필수적이다.

　이러한 문제의식을 바탕으로 성균관대학교 학부대학에서는 〈유학생을 위한 한국어 교재〉 시리즈를 개발하여 세상에 내놓는다. 이 교재는 유학생들이 대학의 학업을 성공적으로 수행하도록 돕는 데에 목표를 두고 있다. 대학에서 필요한 한국어 의사소통 능력과 함께 학업에 필요한 실제적인 기술들을 중심으로 구성하였으므로 학습 과정 동안 점진적으로 한국어 능력은 물론 학업 능력까지 자연스럽게 향상할 것으로 믿는다.

　이 "한국어 문장 바로 쓰기"는 유학생들이 자신의 생각을 한국어로 정확히 표현할 수 있는 능력을 기르기 위해 마련된 교재이다. 지적인 능력이 있음에도 한국어에 대한 문법적인 지식이 부족하여 교수나 학우에게 자신의 생각을 정확하게 표현하지 못하는 유학생들이 많다. 따라서 유학생에게는 자신의 생각을 한국어로 정확히 표현하는 능력이 필요하다. 이 교재에서는 유학생이 이러한 능력을 기를 수 있도록 한국어 문법을 체계적으로 배우고 문장의 오류를 찾아 스스로 고치는 연습을 하는 데 중점을 두고 있다. 이 교재에 제시된 예문들은 유학생들이 실제로 작성한 보고서나 발표 자료, 토론문 등에서 나타난 오류문들이다. 유학생은 다른 외국인 학습자의 오류문을 수정하는 연습을 통해 스스로 문장을 쓸 때 좀 더 정확하게 쓸 수 있을 것이고 자신의 글을 스스로 고칠 수 있을 것으로 기대한다.

이 교재는 2014년 1학기에 성균관대학교의 학부대학 내에서 한국어 집중학습 과정이 개설될 때부터 집필하기 시작하였다. 그 학기가 끝날 무렵에 교재가 완성되었지만 유학생을 위해 어떤 수업을 진행할지에 대한 고민으로 한 학기 동안 난상 토론이 진행되었고 2년 이상을 교재 집필에 매달려 이제야 빛을 보게 된 것이다. 아무쪼록 이 교재 시리즈를 통해 유학생들의 학업 능력이 향상되어 한국에서 만족스러운 대학 생활을 즐기고 학업 성과도 크게 거두기를 기대한다.

마지막으로, 교재 준비 과정부터 시작해서 작업이 수월하게 진행될 수 있도록 많은 도움을 주신 학부대학 유홍준 학장님과 실무 관계자들께 감사드린다. 또한 저자의 한 사람으로서 이 교재의 집필에 참여해주신 여러 선생님들께 진심으로 감사의 마음을 전한다. 덧붙여 이 교재들은 교육 프로그램과 관련되어 있어서 여러 종류의 교재 출판이 동시에 진행될 수밖에 없었다. 사정이 이러함에도 불구하고 출판 일정, 삽화, 교열 교정까지 꼼꼼하게 점검해 주신 성균관대학교 출판부 관계자 여러분께도 감사드린다.

2016년 4월
저자를 대표하여 김경훤 씀

　　"한국어 문장 바로 쓰기"는 대학 강의를 수강하는 외국인 유학생이 한국어로 글을 쓸 때 정확한 한국어 문장 쓰기 능력을 기르는 것을 목적으로 하고 있다. 유학생들은 말로 이루어지는 의사소통보다 글로 이루어지는 의사소통을 더 어려워한다. 의사소통이 말로 이루어질 때에는 내용이나 문장이 정확하지 않아도 상대방과의 상호 작용을 통해 내용이나 문장을 수정할 수 있다. 그러나 의사소통이 글로 이루어질 때는 상대방과의 상호 작용이 불가능해서 좀 더 정확한 한국어 능력이 필요하다.

　　이 책에서는 외국인 유학생이 한국어 문법을 체계적으로 배우고 문장의 오류를 찾아 스스로 고치는 능력을 기르는 데 중점을 두고 있다. 이 책에 제시된 예문들은 외국인 유학생들이 실제로 작성한 보고서나 발표 자료, 토론문 등에서 나타난 오류문들이다. 외국인 학습자는 다른 학습자의 오류문을 수정하는 연습을 통해 글이나 문장을 쓸 때 좀 더 정확하게 작성하고 자신의 글을 스스로 고칠 수 있을 것이다.

　　"한국어 문장 바로 쓰기"는 전체 12과로 구성되어 있으며, 각 과는 '생각해 보기', 관련 문법 내용 익히기, '무엇이 잘못일까?', '연습 문제' 순으로 구성되어 있다.

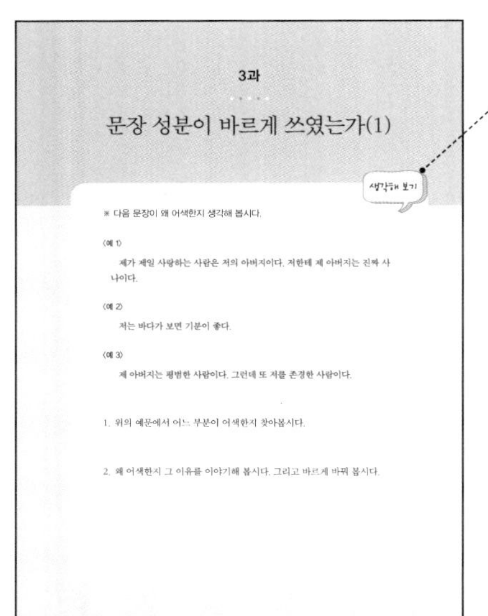

'생각해 보기'

- 실제 학생들이 작성한 예문(오류문)을 제시하였다.
- 학습자가 그 예문에서 잘못된 부분을 찾고, 그 이유를 간단히 이야기해 보도록 한다.

관련 문법 내용 익히기

- 오류문과 관련이 있는 문법 내용을 제공하
  였다.
- 한국어 문법을 익힘으로써 오류문을 수정할
  수 있는 능력을 기른다.

• 문법을 설명하는 데 필요한 용어나 관련되어 있는 문
  법 내용을 간단히 제시하였다. 관련 내용이 교재에 제
  시되어 있는 경우에는 교재 어디에 해당하는지 정보
  를 제공하였다.

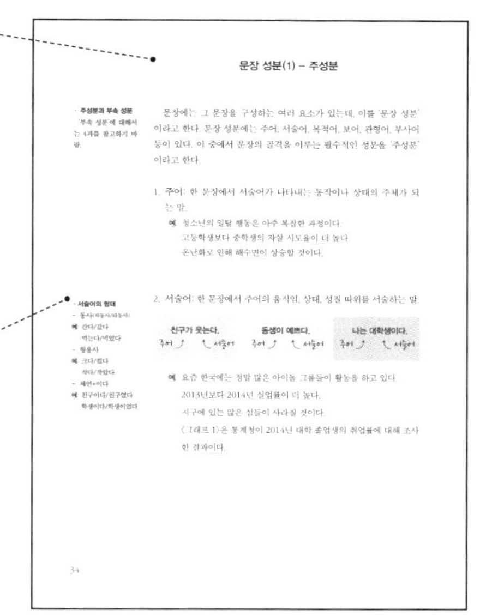

'무엇이 잘못일까?'

- 각 과에서 설명한 문법 내용이 문장에서 어
  떤 오류로 나타나는지 설명하였다.
- '생각해 보기'에 제시된 예문을 다시 가져와
  왜 잘못되었는지 설명하였다.
- '수정 후'에는 바르게 고친 문장을 제시하였다.

표현 과의 문법 설명과 직접적인 관계가 없으나 외국
인 유학생이 많이 틀리는 어휘나 표현에 대해서 간단히
설명하거나 예를 제시하였다.

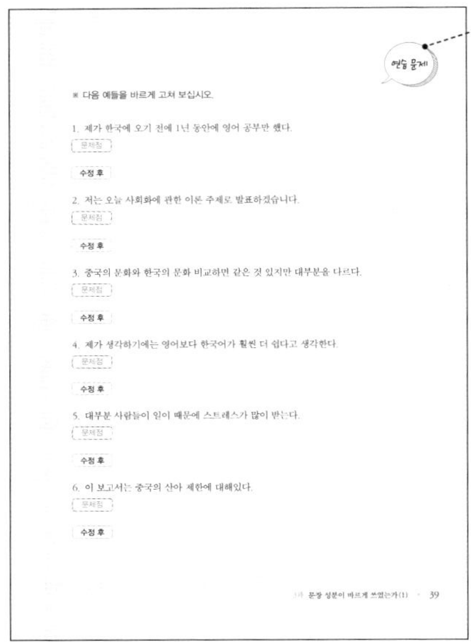

'연습 문제'

- 연습 문제는 짧은 문장 고치기와 단락 글 고치기, 크게 둘로 구성되어 있다.

- 각 과의 문법 내용과 관련이 있는 오류문을 제시하였다.
- 무엇이 문제인지 설명하게 한 후 바르게 고치는 연습을 한다.

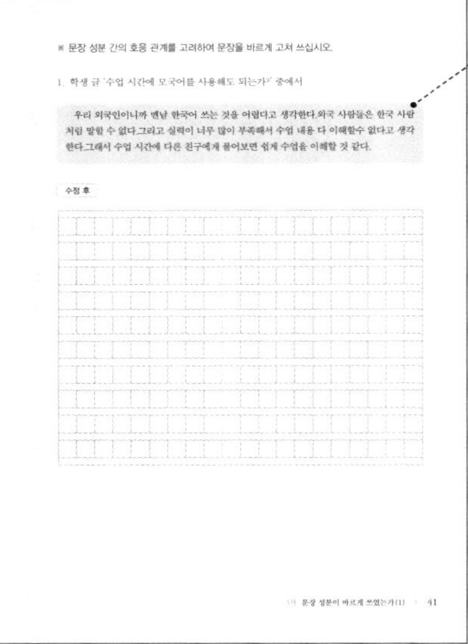

- 각 과의 문법 내용과 관련이 있는 오류문이 포함된 글을 제시하였다.
- 단락 전체의 내용을 고려하여 문맥에 맞게 글 전체를 바르게 고치는 연습을 한다.
- 원고지를 제시하여 문장 부호 쓰기나 띄어 쓰기가 중요함을 인식하도록 유도한다.

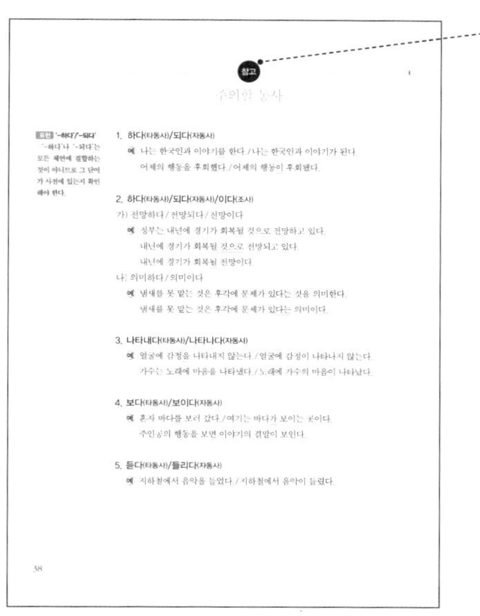

'참고'

– 문장 부호, 부사의 호응, 사전 이용법, 조심해서 써야 할 표현 등 문법 내용 설명에는 넣기 어려우나 한국어를 공부하거나 문장을 쓸 때에 필요한 정보들을 제공하였다.

'알쏭달쏭 한국말'

– 외국인 학습자가 한국인과 의사소통할 때 자주 접하게 되는 오류들을 제시하고 어떤 표현이 바른 표현인지 설명하였다.

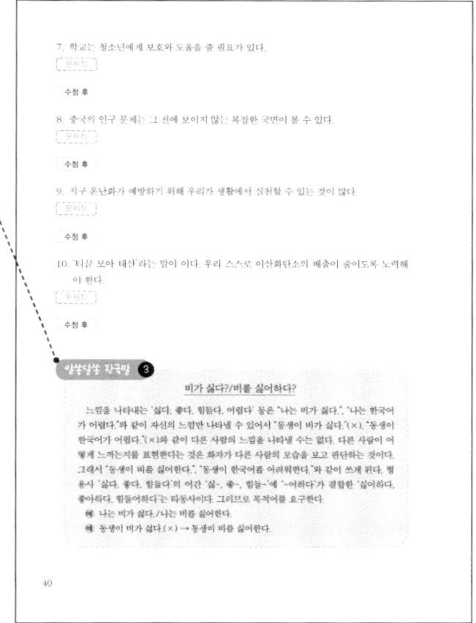

1과

누구에게 표현하는가

※ 두 글을 보고 무엇이 문제인지 생각해 봅시다.

〈예 1〉

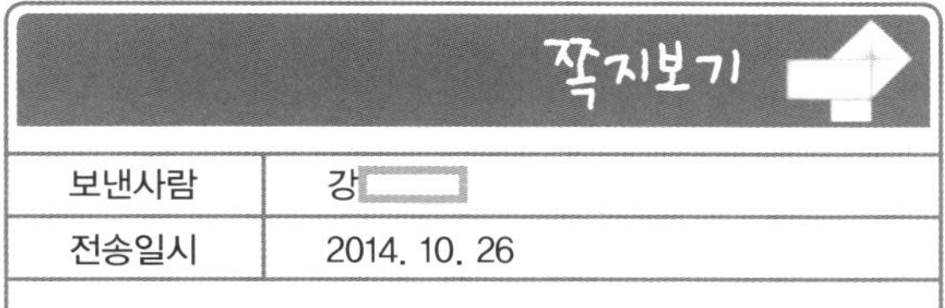

보낸사람	이⬜
전송일시	2014. 11. 07

교수님, 안녕하세요.
국어국문학과 13학번 이○○입니다. 오늘 수업 사전 양해없이 결석한 점 죄송합니다. 엊저녁부터 구토와 설사가 끊이지 않더니 오늘 내원한 결과 장염이더군요. 외국학생이라 성적은 좋지 않지만 출석만큼은 열심히 하려고 했는데.. 진단서는 다음주에 제출하도록 하겠습니다. 좋은 하루 보내세요.

〈예 2〉

보낸사람	강⬜
전송일시	2014. 10. 26

선생님, 죄송하데요. 저는 이 의사소통1의 과제는 화요일에 벌써 쓰는데 근데 컴퓨터가 안가지고 제주도에 갔어요. 방에서 깜빡했어요. 그래서 의사소통 2의 과제 같이 내거에요. 죄송해요.

1. 누가 누구에게 보낸 글입니까?

2. 두 글 중에서 어느 것이 더 괜찮다고 생각합니까? 그 이유는 무엇입니까?

글을 쓸 때는 누가 이 글을 읽을지 고려해야 하고 말을 할 때는 누가 이 말을 들을지 고려해야 한다. 독자나 청자가 누구냐에 따라 글이나 말의 표현 형식과 내용이 달라지기 때문이다.

《글을 쓸 때》 《말을 할 때》

특히 누군가에게 이메일(e-mail)이나 문자 메시지를 보낼 때에는

① 이메일이나 문자 메시지를 받는 상대방을 고려해야 한다. 상대방이 누구냐에 따라 문장의 표현 형식을 달리 해야 한다.

② 이메일이나 문자 메시지를 받는 사람에게 반드시 자신이 누구인지 밝혀야 한다.

※ 아래에 제시된 〈상황〉 내용을 담아 문자 메시지를 보내십시오.

> **상황** 새벽에 위가 많이 아파 병원에 갔다. 병원에서 검사를 받느라고 약속 시간에 늦을 것 같다.
>
> 선생님께
>
> 선배에게
>
> 친구에게

◆ 무엇이 잘못일까?(1) ◆

| 답장 | 전체답장 | 전달 | ✕삭제 | 스팸차단 ▼ | 편지이동 ▼ 읽음표시 ▼ |

☆ 전공 | 관련편지검색

⊕ 보낸사람 : 1188111████com 14. 10. 06 11:41 | 주소추가 | 수신차단

다음 학기에 신문방송학과를 선택하려고 한다.왜냐하면 어렸을 때부터 신문방송에 관심이 있기 때문이다. 또한 내가 꿈은 앞으로 예능 프로그램의 MC가 되고 싶다.그래서 신문방송학과를 선택하고 싶다.
[4반 학생 전○○입니다].

이 이메일(e-mail)은 학생이 선생님께 '과제(제목: 전공 선택 이유)'를 제출하기 위해 보낸 것이다. 이 이메일의 문제는 크게 3가지이다.

① 이메일을 누가 누구에게 썼는지 알 수 없다.

② 이메일의 시작과 끝 부분에 들어가야 할 인사말이 보이지 않는다.

③ 이메일을 쓴 목적이 제시되어 있지 않다.

이메일은 일종의 편지이기 때문에 인사말, 보낸 사람, 이메일을 쓴 목적, 끝인사 등이 필요하다. 그리고 마지막에 날짜와 '○○○ 올림'이라는 표현으로 끝내게 된다.

참고로 '과제'를 선생님께 제출하기 위해 이메일을 쓸 때에는 '과제' 내용을 이메일의 본문 내용에 제시하기보다는 파일로 따로 작성하여 그것을 메일에 첨부하는 것이 바람직하다.

> **표현** **올림/드림/씀**
> 1. 윗사람에게
>   ○○○ 올림
> 2. 동료에게(공적인 관계)
>   ○○○ 드림
> 3. 친구나 아랫사람에게
>   ○○○ 씀

수정 후

선생님께	→ 받는 사람
안녕하세요.	→ 인사말
저는 인간의 이해 과목을 듣고 있는 4반 학생 ○○○입니다.	→ 보낸 사람 정보
이번 주 과제(전공과 전공 선택 이유)를 파일로 첨부합니다.	→ 이메일을 보낸 이유
그럼 내일 뵙겠습니다. 안녕히 계십시오.	→ 끝인사
201○. ○. ○.	→ 보낸 날짜
○○○ 올림	→ 보낸 사람 이름 + 올림

<table>
<tr><td colspan="2" align="right">쪽지보기 ➡</td></tr>
<tr><td>보낸사람</td><td>락◻◻◻</td></tr>
<tr><td>전송일시</td><td>2014. 11. 03</td></tr>
<tr><td colspan="2">교수님, 어제 과제가 잘 못 보내습니다, 어제과제가 오늘과제로 바꿔 냈습니다. 오늘은 어제 과제가 냈습니다.</td></tr>
</table>

• 학사 정보 시스템
　대학에서 온라인으로 운영하고 있는 정보 관리 시스템.

　　이것은 '학사 정보 시스템'으로 학생이 선생님께 보낸 '쪽지'이다. 학생은 학사 정보 시스템에서 수강 과목의 담당 교수에게 쪽지를 보낼 수 있다. 쪽지를 보낼 때에도 학생은 이메일을 보낼 때처럼 자신이 누구인지 밝혀야 한다. 그리고 수강하고 있는 과목명도 밝혀야 한다. 담당 교수의 과목이 여럿일 때에는 학생이 어떤 수업을 듣고 있는지 쉽게 파악하기 어렵기 때문이다.

　　이런 쪽지를 보낼 때도 인사말, 보낸 사람의 소속(계열, 학과)과 이름, 자신이 듣고 있는 수업명, 쪽지를 보낸 이유, 끝인사 등이 필요하다.

수정 후

선생님께	→ 받는 사람
안녕하세요.	→ 인사말
저는 의사소통 1 과목을 듣고 있는 사회과학계열 학생 ○○○입니다.	→ 보낸 사람 정보
어제 과제를 아이캠퍼스에 제출했는데, 잘못 제출해서 오늘 다시 제출했습니다. 과제물을 검토하실 때, 오늘 제출한 과제를 검토해 주시면 좋겠습니다.	→ 쪽지를 보낸 이유
안녕히 계십시오.	→ 끝인사

※ 다음 예를 보고 잘못된 부분을 찾아 그 이유를 설명한 후, 바르게 고쳐 보십시오.

1. 시험 범위를 몰라서 선생님께 보낸 쪽지

보낸사람	정
전송일시	2014. 10. 13
교수님, 시험 범위가 어디서부터 어디까지 인가요?	

다시 쓰기

2. 기말 과제물 파일을 선생님께 잘못 제출해서 다시 제출하는 이메일

선생님 수고하셨습니다. 방학 때 잘 보내세요!

다시 쓰기

※ 상황에 맞게 문자 메시지나 쪽지, 이메일 등을 써 보십시오.

1. 상황: 학교에 오는 길에 교통사고가 나서 수업에 늦을 것 같음.
   - 친구에게 그 사정을 교수님께 전해 달라고 부탁하는 <u>문자 메시지</u>를 보낼 것.

2. 상황: 개인 사정으로 과제물을 기한 내에 선생님께 제출할 수 없음.
   - 선생님께 과제물을 늦게 제출해도 괜찮은지 학사 정보 시스템으로 <u>쪽지</u>를 보낼 것.

3. 상황: 학과 행사 때문에 수업에 참여하지 못했음.
   - 선생님께 사정을 말씀드리고 '행사 참여 확인서'를 제출하는 <u>이메일</u>을 보낼 것.

2과

· · · ·

어떤 상황인가

※ 두 글을 비교해 봅시다.

〈예 1〉

　자본주의는 현대 사회에서 사람들이 가지고 있는 개인주의 의식입니다. 누구나 직장에서 서로 경쟁합니다. 그래서 서로를 칭찬하지 않습니다. 사람과 사람들이 따뜻한 이야기를 나누지 않습니다.

〈예 2〉

　현대 사회는 점점 살기 좋아졌지만 인간관계가 점차 냉담해졌다. 예를 들어서 예전에는 휴대폰이나 컴퓨터를 폭넓게 사용하지 않아서 옆집 사람이나 친구들과 즐겁게 놀았고 슬픔과 기쁨을 이야기할 수 있었다. 하지만 현대 사회가 발전함에 따라 우리는 전자제품에 많이 빠지게 되었다. 그 결과 이웃이나 친구들과 따뜻한 이야기를 나누지 않게 되었다.

1. 〈예 1〉과 〈예 2〉의 문체(文體, style) 차이에 대해 이야기해 봅시다.

2. 아래에 제시된 시험 문제의 답으로 〈예 1〉과 〈예 2〉 중에서 어떤 문체를 쓰는 것이 좋을지 이야기해 봅시다.

> 문제: 현대 사회의 문제점과 그 문제를 해결하기 위한 자신의 생각을 쓰십시오.

구어와 문어

1. 말을 할 때와 글을 쓸 때 표현이 달라지므로 상황을 고려해야 한다.
    - 구어(口語, spoken language): 말을 할 때 사용하는 말.
    - 문어(文語, written language): 글을 쓸 때 사용하는 말.

구어	문어
저는 성균관대학교 학생입니다.	나는 성균관대학교 학생이다.
한국 노래 좋아하지.	나는 한국 노래를 좋아한다.
대학생이세요? 매표소에서 학생증을 제시해 주시면 10% 할인을 받으실 수 있습니다.	대학생은 매표소에서 학생증을 제시하면 10% 할인을 받을 수 있다.

2. 구어체는 청자가 누구냐에 따라 표현 방법이 달라진다. 그리고 구어체는 상황(격식적인 상황이냐 비격식적인 상황이냐)에 따라서도 문체가 달라진다. 참고로 수업 중 선생님께나 학생들에게 질문을 하거나 발표를 할 때에는 격식체를 써야 한다.
    - 격식체(格式體, formal style): 의례적인 상황에서 쓰이는 표현으로, 직접적, 단정적, 객관적이다. ㉣ 합쇼체
    - 비격식체(非格式體, informal style): 의례적인 상황이 아닌 편안한 상황에서 쓰이는 표현으로, 부드럽고 주관적이다. ㉣ 해체, 해요체

격식체	비격식체
지금부터 한류의 성공 비결에 대해 말씀드리겠습니다.	지금부터 한류 성공 비결에 대해 말해 줄게.
안녕하십니까? 저는 사회과학계열 14학번 왕호입니다.	안녕하세요. 전 사회과학계열 14학번 왕호예요.
이상 오늘의 발표를 마치겠습니다. 잘 들어 주셔서 고맙습니다.	내 이야기는 여기까지야. 잘 들어 줘서 고마워.

문어체의 특징

1. 문어체는 구어체에 비해 어미가 다양하지 않다.

문어체	구어체	
	격식체	비격식체
평서 [동사] –는다/–ㄴ다 [형용사] –다	–ㅂ니다/–습니다	–아/어(요) –지(요) –잖아(요) –ㄴ걸/는걸/은걸(요) –더라고(요) ⋮
한류의 성공 비결에 대해 설명하고자 한다.	한류의 성공 비결에 대해 설명해 드리겠습니다.	한류의 성공 비결에 대해 설명해 줄게(요).
의문 [동사] –는가? [형용사] –ㄴ가/은가?	–ㅂ니까/–습니까?	–아/어(요)? –ㄹ까/을까(요)? –ㄹ래/을래(요)? –지(요)? ⋮
사회에서 대학의 역할은 무엇인가?	사회에서 대학의 역할은 무엇입니까?	사회에서 대학의 역할은 무엇이지?
명령 [동사] –(으)라	–(으)십시오	–아/어라 –아/어(요)
온난화의 해결 방안에 대해 기술하라.	온난화의 해결 방안에 대해 기술하십시오.	온난화의 해결 방안에 대해 기술해.
청유 [동사] –자	–ㅂ시다/–읍시다	–자 –지요/죠
실업의 원인에 대해 함께 살펴보자.	실업의 원인에 대해 함께 살펴봅시다.	실업의 원인에 대해 함께 살펴보자.

• **문장의 유형**

문장의 유형과 종결 어미에 대해서는 부록 '문장의 유형'을 참고하기 바람.(p. 135.)

• **기원 표현**

기원 표현은 명령문으로 나타난다. '기원'의 의미를 나타내는 명령문을 구어체에서 문어체로 바꿀 때 '–기 바라다'를 사용한다.
⑩ 올해는 꼭 금연해!
→ 올해는 꼭 금연하기 바란다.

2. 문어체에만 쓰는 표현이 있다.

1) 조사

문어체	구어체	
	격식체	비격식체
-와/과	-와/과	-와/과, -하고, -랑
선배와 함께 발표를 준비했다.	선배와 함께 발표를 준비했습니다.	선배랑 같이 발표를 준비했어요.
-에게 -께	-에게 -께	-에게/-더러/-한테 -께
발표자에게 질문해 주기 바란다.	발표자에게 질문해 주십시오.	발표자한테 질문해 줘.

2) 부사

문어체	구어체	
	격식체	비격식체
아주, 몹시	아주, 몹시 …	아주, 너무, 되게, 무지, 엄청 …
기말 시험이 아주 어려웠다.	기말 시험이 아주 어려웠습니다.	기말 시험이 엄청/무지/되게 어려웠어요.

3) 어미

문어체	구어체	
	격식체	비격식체
-아서/어서, -(으)므로	-아서/어서, -(으)니까	-아서/어서, -(으)니까, -는 바람에
발표 점수가 성적에 들어가므로 철저히 준비해야 한다.	발표 점수가 성적에 들어가니까 철저히 준비해야 합니다.	발표 점수가 성적에 들어가니까 철저히 준비해야 해요.

3. 조사나 단어를 생략하거나 줄여 쓰지 않는다.

1) 조사

문어체	구어체	
	격식체	비격식체
생략 불가	생략 가능 생략이 많이 일어나지 않음.	생략 가능 생략이 많이 일어남.
수업이 끝나고 도서관에 가기로 했다.	수업이 끝나고 도서관에 가기로 했습니다.	수업 끝나고 도서관 가기로 했어.
–에는	–에는	–에는/엔
최근에는 환경오염에 대한 인식이 많이 달라졌다고 생각한다.	최근에는 환경오염에 대한 인식이 많이 달라졌다고 생각합니다.	최근엔 환경오염에 대한 인식(이) 많이 달라졌다고 생각해.
–와는/과는	–와는/과는	–하곤, –완/관
학생들의 수업 태도가 예전과는 완전히 다르다.	학생들의 수업 태도가 예전과는 완전히 다릅니다.	학생들의 수업 태도가 예전하곤 완전(히) 달라.

• **조사의 생략**
  구어에서는 일반적으로 '이/가', '을/를'과 같은 격 조사가 생략된다.

2) 단어

문어체	구어체	
	격식체	비격식체
것	것/거	거
이번 방학에는 고향에 갈 것이다.	이번 방학에는 고향에 갈 겁니다.	이번 방학엔 고향에 갈 거야.
무엇	무엇/뭐	무엇/뭐
현재 한국 사회에서 가장 심각한 문제는 무엇인가?	현재 한국 사회에서 가장 심각한 문제는 무엇입니까?	현재 한국 사회에서 가장 심각한 문제는 뭐예요?
그런데	그런데	근데
그런데 아르바이트를 하면 공부할 시간이 없다.	그런데 아르바이트를 하면 공부할 시간이 없습니다.	근데 알바 하면 공부할 시간 없어요.

표현 숫자

한국어의 숫자는 한글로 쓸 때 만 단위로 끊어 읽는다. 그러므로 '1999천 명'은 '1,999,000명'이나 '199만 9천 명'으로 써야 한다.

> 중국정보화진흥원(구 중국정보문화진흥원)이 청소년과 성인을 대상으로 실시한 '2008 인터넷 중독 실태 조사' 결과에 따르면, 인터넷 중독률은 8.8%, 인터넷 중독자 수는 1,999천 명인 것으로 나타났습니다. 즉 중독자 수는 약 200만 명(청소년 104만 명, 성인 96만 명)이며, 이는 전체 인터넷 인구의 8.8%에 해당합니다. 이는 만 9~39세 인구를 표본으로 조사된 결과이기 때문에 만 9세 이하의 인구와 39세 이상의 인구를 합치면 실제 중독자는 훨씬 더 많을 것으로 추정된다.

• **어미**

어미에 대한 설명은 부록의 '어간과 어미'를 참고하기 바람.(p. 134.)

윗글은 학생이 쓴 보고서의 일부이다. 이 보고서의 가장 큰 문제는 종결 어미 형식이 일관되지 않는다는 것이다. 앞 두 문장은 구어 격식체 어미('-습니다')를 사용하고 있으나 마지막 문장은 문어체 어미('-ㄴ다')를 사용하고 있다. 한 글에서 종결 어미 형식은 절대로 달라져서는 안 된다.

보고서에서는 문어체를 사용해야 하므로 위의 예에서 '나타났습니다'는 '나타났다'로, '해당합니다'는 '해당한다'로 고쳐야 한다.

수정 후

> 중국정보화진흥원(구 중국정보문화진흥원)이 청소년과 성인을 대상으로 실시한 '2008 인터넷 중독 실태 조사' 결과에 따르면, 인터넷 중독률은 8.8%이고, 인터넷 중독자 수는 1,999,000명인 것으로 나타났다. 즉 중독자 수는 약 200만 명(청소년 104만 명, 성인 96만 명)이며, 이는 전체 인터넷 인구의 8.8%에 해당한다. 이는 만 9~39세 인구를 표본으로 조사된 결과이므로 만 9세 이하의 인구와 39세 이상의 인구를 합치면 실제 중독자 수는 훨씬 더 많을 것으로 추정된다.

◆ 무엇이 잘못일까?(2) – 학생 발표문 중에서 ◆

> 안녕하십니까
> 저는 일사학번 컴퓨터학과 배○○입니다.
> 보시다시피, 저는 한국인이 아닙니다. 스위스에서 왔습니다!
> 그러므로 저는 같은 질문들을 자주 계속해서 들었습니다. "왜 당신은 한국에서 공부하고 있어요? 당신의 나라가 아닌?"
> 오늘 저는 제가 왜 한국에서 공부하고 있는지 3가지 이유를 말하고 싶어요. 이 presentation이 끝난 뒤에는 당신은 왜 제가 한국을 선택했는지 알 거에요. 또한 저는 당신에게 한국에서 공부하는 것의 장점들과 단점들을 말할 거에요.

윗글은 학생 발표문의 일부이다. 발표문은 발표를 위해 준비한 글이므로 구어체를 쓰고 있다. 그런데 이 발표문에서 쓰인 문장의 종결 어미 형식은 일관적이지 않다. 처음에는 격식체인 합쇼체('-ㅂ니다/습니다')를 쓰고 있으나 뒤에서는 비격식체인 해요체('-아요/어요')를 쓰고 있다.

여러 사람 앞에서 발표를 할 때에는 구어체 중 격식체를 쓰는 것이 바람직하다.

> **표현** **말하다/말씀드리다**
> 청자가 화자보다 높은 사람일 경우 '말하다'는 '말씀드리다'로 써야 한다.
> **예** 친구에게 말했다.
> 선생님께 말씀드렸다.
> 여러분께 말씀드리고자 합니다.

수정 후

> 안녕하십니까?
> 저는 일사 학번 컴퓨터학과 배○○입니다.
> 보시다시피, 저는 한국인이 아닙니다. 스위스에서 왔습니다.
> 저는 한국에 와서 같은 질문을 자주 들었습니다. "왜 당신은 한국에서 공부하고 있어요? 당신의 나라가 아닌?"
> 오늘 저는 제가 한국에서 공부하고 있는 3가지 이유를 말하고 싶습니다. 이 프레젠테이션(presentation)이 끝난 뒤에 여러분은 왜 제가 한국을 선택했는지 아시게 될 것입니다. 또한 저는 여러분에게 한국에서 공부하는 것의 장점과 단점을 말씀드리고자 합니다.

《보기 1》

> 근데 사람들은 왜 바이러스를 만드는가 사람들은 바이러스를 만드는 다섯 이유가 있다.

문어체를 써야 하는 상황인데, 구어체 표현이 보인다. '근데'는 문어체에서 쓸 수 없는 표현이므로 '그런데'로 고쳐야 한다.

수정 후

> 그런데 사람들은 왜 바이러스를 만드는가? 사람들이 바이러스를 만드는 이유는 다섯 가지이다./사람들이 바이러스를 만드는 이유에는 다섯 가지가 있다.

《보기 2》

> 나는 이번 겨울방학 할 때 제주도에 갈 거다. 가기 전에 인터넷으로 겨울방학 기간 제주도의 날씨가 알아볼 거다.

'거'는 '것'을 줄여 쓴 말이다. '거'는 구어체에서는 많이 쓰이지만 문어체에서는 줄여 쓰지 않은 '것'을 써야 한다.

수정 후

> 나는 이번 겨울방학에 제주도에 갈 것이다. 여행을 가기 전에 인터넷으로 제주도의 날씨를 알아볼 것이다.

《보기 3》

> 연극 너무 재미있었어요. 그러나 감독은 연극 통해 추악한 사회 표현했어요.

'-아요/어요'라는 종결 어미, 부사 '너무' 등은 구어체 표현이므로 문어체 표현으로 바꾸어야 한다. 그리고 문어체에서는 조사가 생략되지 않으므로 적절한 조사를 넣어 주어야 한다.

수정 후

> 연극은 아주 재미있었다. 감독은 연극을 통해 추악한 사회를 표현했다.

표현 **알아보다**

누가 무엇을/무엇에 대해 알아보다

例 우리 고향 가는 항공편을 알아보자./(나는) 실업의 원인과 대책에 대해 알아보았다.

표현 **통해서**

누구/무엇/어디를 통해서

例 친구를 통해 소식을 들었다./인터넷을 통해서 정보를 얻을 수 있다.

※ 다음 예들을 문어체로 바르게 고쳐 보십시오.

1. 난 수영 좋아해서 당연히 바다를 선택할 수밖에 없었어.

　문제점

　수정 후

2. 우리 여행의 목적지는 태국 방콕이야. 우린 크리스마스부터 4일 동안 있을 거야.

　문제점

　수정 후

3. 아버지는 담배 많이 피우고 술도 좋아하는 편입니다.

　문제점

　수정 후

4. 이번 학기 수업 많고 숙제도 많고 아르바이트도 있고 정말 힘들습니다.

　문제점

　수정 후

5. 아버지와 나는 생활 방식이 많이 다르지만 아버지께서 저한테 좋은 말씀을 많이 해주
　십니다.

　문제점

　수정 후

6. 쌍둥이는 외모는 비슷하지만 성격이 다르다. 이것은 환경이 아이의 심리에 영향을 주
　기 때문입니다.

　문제점

　수정 후

7. 기분이 나쁠 때는 친구와 이야기할 수 있다. 이야기한 후에 진짜로 기분이 좋아질 수
   있습니다.

[문제점]

[수정 후]

8. 나는 고등학교를 졸업한 후에 동아리 친구랑 같이 한 달 동안 자전거 여행 했습니다.

[문제점]

[수정 후]

9. 발표하기 전 열 번을 반복해서 연습하면 발표를 잘할 수 있을 겁니다.

[문제점]

[수정 후]

10. 중국에서 유명한 손자는 이런 말을 했답니다 '성공자는 순간의 성취감을 느끼지만 패
    자는 영원한 패배감만 느낍니다.'

[문제점]

[수정 후]

알쏭달쏭 한국말 ❷

내 집?/우리 집?

　　한국인들은 일반적으로 '내 집, 내 가족, 내 학교'라는 표현보다는 '우리 집, 우리 가족, 우리 학교'라는 표현을 자주 사용한다. 이는 자기 자신을 강조하기보다는 자신을 포함하는 다른 사람과의 관계를 중시하는 한국 문화의 특징 때문일 것이다. 그러나 '내 집'이라는 표현을 전혀 안 쓰는 것은 아니다. "내 집에서 편하게 쉬고 싶다.", "내 집을 마련하는 데 30년이 걸렸다."와 같이 자신의 소유를 강조할 때는 '내 집'이라고 표현한다.

※ 문장의 종결 어미에 주의하여 문장을 바르게 고쳐 보십시오.

1. 학생 보고서 '중국의 쓰레기 처리 문제' 중에서

서론: 이제 중국은 쓰레기를 잘못 처리하기 때문에 환경 문제가 심각했습니다.중국에서 사람들이 항상 쓰레기를 비분류 사용해서 그냥 버렸습니다.우리가 버린 쓰레기들이 대기 오염, 수질 오염, 토양 오염 등 심각한 환경 문제를 일으킨 것입니다.

수정 후

2. 학생 발표문 '대기오염' 중에서

수정 후

주의할 문장 부호

1. 마침표(.)

1) 문장을 마칠 때는 문장 부호인 '마침표(.), 물음표(?), 느낌표(!)' 등을 써야 한다.

> 예) 최근 들어 이상 기후 현상이 전 세계적으로 나타나고 있다.
>
> 이번 사건이 한국 사회에 어떠한 영향을 미치는가?
>
> 공공장소에서는 공중도덕을 지키자!

2) 인용 문장의 끝에는 마침표를 찍는 것이 원칙이지만 찍지 않을 수도 있다.

> 예) 일기예보에서 "내일 비가 내리겠습니다."라고 했다.(원칙)
>
> 일기예보에서 "내일 비가 내리겠습니다"라고 했다.(허용)

3) 명사형이나 명사로 끝나는 경우 마침표를 찍는 것이 원칙이지만 찍지 않을 수도 있다.

> 예) 내일까지 보고서를 제출하기 바람.(원칙) / 내일까지 보고서를 제출하기 바람(허용)
>
> 보고서는 일요일까지 제출할 것.(원칙) / 보고서는 일요일까지 제출할 것(허용)

다만 제목에는 마침표를 찍지 않는다.

> 예) 한류의 경제적 효과

4) 마침표는 문장을 마칠 때 이외에 '년, 월, 일'을 대신해서 쓸 수 있다.

> 예) 1919. 3. 1.(1919년 3월 1일)

※ 문장과 문장을 띄어 쓰지 않는 경우가 많은데, 문장을 쓸 때는 반드시 앞 문장과 뒤 문장을 띄어 써야 한다.

> 예) 학교 농구 대회에 참가하기로 했다.그래서 동아리 선후배들과 참가 신청서를 냈다.(×)
>
> 학교 농구 대회에 참가하기로 했다. 그래서 동아리 선후배들과 참가 신청서를 냈다.(○)

2. 쌍점(:)

1) 쌍점은 일반적으로 어떤 개념을 설명할 때 사용한다. 이때에는 쌍점 앞에 오는 단어에는 이를 붙여 쓰고 뒤에 오는 설명 문장과 띄어 써야 한다.

> ㉖ 일시: 2015년 3월 1일
>
> 문헌: 연구의 자료가 되는 서적이나 문서.
>
> 한국의 유명한 관광지: 제주도, 경주, 부여, 부산 등

2) 쌍점은 시간을 나타낼 때나 운동 경기의 점수를 제시할 때도 쓰인다. 이때에는 앞뒤를 붙여 써야 한다.

> ㉖ 오후 1시 30분 → 13:30
>
> 삼 대 일로 이겼다. → 3:1로 이겼다.

※ 참고로 '서론, 본론, 결론' 등 제목 뒤에는 쌍점을 찍지 않으므로 주의한다.

> ㉖ I. 서론: (×) → I. 서론 (○)
>
> 2. 바이러스의 개념: (×) → 2. 바이러스의 개념(○)

3. 책명이나 작품명을 제시할 때 사용하는 부호

1) 책명이나 신문 이름을 제시할 때에는 『』, 《》, ""를 사용한다.

> ㉖ 『훈민정음』/《훈민정음》/"훈민정음"
>
> 『독립신문』/《독립신문》/"독립신문"

2) 작품명이나 상호, 법률, 규정 등을 제시할 때에는 「」, 〈〉, ''를 사용한다.

> ㉖ 드라마 「대장금」/〈대장금〉/'대장금'
>
> 「졸업 요건」/〈졸업 요건〉/'졸업 요건'

3과

· · · · ·

문장 성분이 바르게 쓰였는가(1)

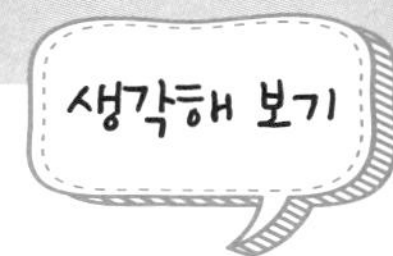

※ 다음 문장이 왜 어색한지 생각해 봅시다.

〈예 1〉

　　제가 제일 사랑하는 사람은 저의 아버지이다. 저한테 제 아버지는 진짜 사나이다.

〈예 2〉

　　저는 바다가 보면 기분이 좋다.

〈예 3〉

　　제 아버지는 평범한 사람이다. 그런데 또 저를 존경한 사람이다.

1. 위의 예문에서 어느 부분이 어색한지 찾아봅시다.

2. 왜 어색한지 그 이유를 이야기해 봅시다. 그리고 바르게 바꿔 봅시다.

<h1 align="center">문장 성분(1) – 주성분</h1>

문장에는 그 문장을 구성하는 여러 요소가 있는데, 이를 '문장 성분'이라고 한다. 문장 성분에는 주어, 서술어, 목적어, 보어, 관형어, 부사어 등이 있다. 이 중에서 문장의 골격을 이루는 필수적인 성분을 '주성분'이라고 한다.

1. 주어: 한 문장에서 서술어가 나타내는 동작이나 상태의 주체가 되는 말.
   - 예) 청소년의 일탈 행동은 아주 복잡한 과정이다.
     고등학생보다 중학생의 자살 시도율이 더 높다.
     온난화로 인해 해수면이 상승할 것이다.

2. 서술어: 한 문장에서 주어의 움직임, 상태, 성질 따위를 서술하는 말.

   - 예) 요즘 한국에는 정말 많은 아이돌 그룹들이 활동을 하고 있다.
     2013년보다 2014년 실업률이 더 높다.
     지구에 있는 많은 섬들이 사라질 것이다.
     〈그래프 1〉은 통계청이 2014년 대학 졸업생의 취업률에 대해 조사한 결과이다.

3. 목적어: 타동사가 쓰인 문장에서 동작의 대상이 되는 말.

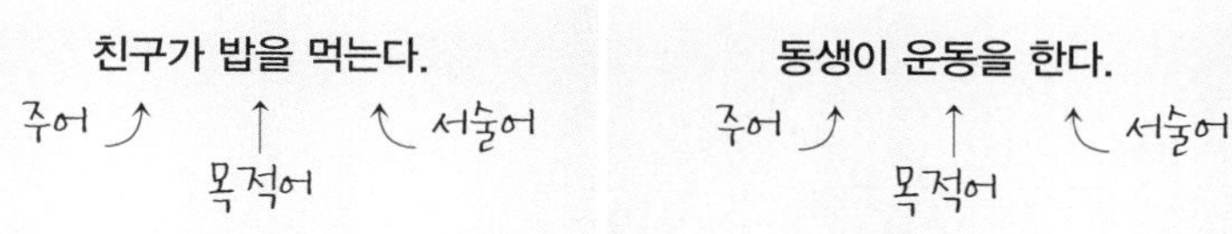

㉑ 관광지가 사라진다면 먼저 관광업에 영향을 미칠 것이다.

그 가수의 노래들이 음악 관련 순위에서 모두 정상을 차지했다.

알다시피 삼림은 이산화탄소를 흡수하고 산소를 방출한다.

4. 보어: 주어와 서술어만으로는 뜻이 완전하지 못한 문장에서, 그 문장의 뜻을 완전하게 보충하는 말. '되다', '아니다' 앞에 조사 '이/가'를 취하여 나타나는 말.

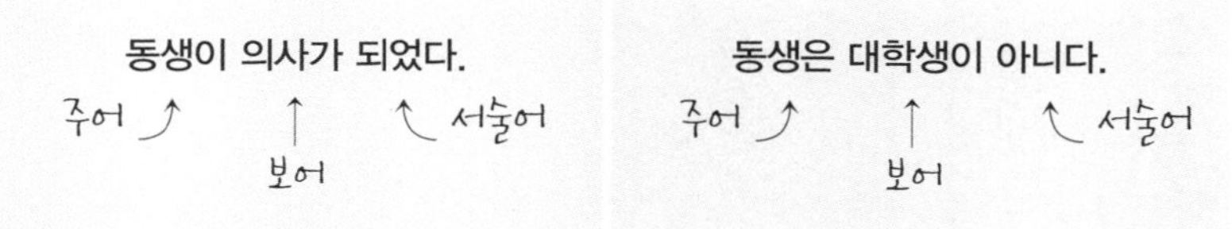

㉑ 그때가 되면 지금보다 온난화가 상상할 수 없는 정도로 심해질 것이다.

2006년 8월 16일 중국 중경의 제일 높은 기온이 43°C가 되었다. 그
그룹의 공연은 혼자의 무대가 아니라 단체 무대라는 인상을 준다.
청소년 자살에 영향을 미치는 요인은 한 가지만이 아니다.

• 자동사와 타동사

타동사(他動詞, transitive verb): 동작의 대상인 목적어를 필요로 하는 동사.

㉑ 철수가 밥을 먹는다./친구가 노래를 부른다.

자동사(自動詞, intransitive verb): 동사가 나타내는 동작이나 작용이 주어에만 미치는 동사.

㉑ 꽃이 핀다./동생이 웃는다.

• 격 조사

격 조사는 부록의 '조사' 설명을 참고하기 바람.(p. 137.)

문장에서 서술어는 주어와 호응 관계를 형성하기도 하고, 목적어와 호응 관계를 형성하기도 하고, 보어와 호응 관계를 형성하기도 한다. 그러므로 문장에서 주어와 서술어의 관계, 목적어와 서술어의 관계, 보어와 서술어의 관계가 적절한지 항상 유의해야 한다. 이때 주어, 목적어, 보어에 쓰인 조사(주격 조사, 목적격 조사, 보격 조사)가 적절한지도 확인해야 한다.

그리고 마지막으로 문장에서 주성분이 빠지면 문장이 어색하므로 빠진 문장 성분이 없는지도 확인해야 한다.

표현 우리

한국어에서는 '나의'보다는 '우리'라는 표현이 자연스럽다.
㉑ 우리 집
　　우리 가족
　　우리 어머니
　　우리 학교
　　우리 동네

《보기 1》

> 제가 제일 사랑하는 사람은 저의 아버지이다. 저한테 제 아버지는 진짜 사나이다.

글에서 '저'를 주어로 쓰는 것은 어색하다. 문어체에서 주어는 '나'로 쓰는 것이 자연스럽다. '저'는 상대방을 높이기 위해 자기를 낮추는 말이므로 '저'를 주어로 쓰려면 서술어에 격식체인 'ㅂ니다/습니다'를 써야 한다.

수정 후

> 내가 제일 사랑하는 사람은 (우리) 아버지이다. 나에게 아버지는 진짜 사나이다.

《보기 2》

《보기 2》에서도 '저'를 주어로 쓰는 것은 어색하다. 문어체에서 주어
는 '나'로 쓰는 것이 자연스럽다. 그리고 타동사인 '보다'의 목적어, 즉
보는 대상이 '바다'인데 뒤에 조사 '가'가 결합되어 있다. '바다가'를 '바
다를'로 바꾸어야 한다.

수정 후

나는 바다를 보면 기분이 좋다.

《보기 3》

제 아버지는 평범한 사람이다. 그런데 또 저를 존경한 사람이다.

《보기 3》에서도 '저'를 주어로 쓰는 것은 어색하다. 문어체에서 주어
는 '나'로 쓰는 것이 자연스럽다. 그리고 '존경하다'는 타동사이지만 문
장의 주어는 '나'이고 존경을 받는 대상은 '아버지'이므로 '나'에 조사
'를'이 붙을 수 없다.

또한 글 쓴 사람은 지금 아버지를 존경하고 있으므로 '존경한'은 '존
경하는'으로 고쳐 써야 한다.

수정 후

나의 아버지는 평범한 사람이다. 그런데 내가 존경하는 사람이다.

• **관형사형의 시제**

먹은 사람(과거)

먹는 사람(현재)

- 관형사형의 시제에
  대해서는 6과를 참
  고하기 바람.

주의할 동사

'-하다'나 '-되다'는 모든 체언에 결합하는 것이 아니므로 그 단어가 사전에 있는지 확인해야 한다.

1. 하다(타동사)/되다(자동사)

예) 나는 한국인과 이야기를 한다. / 나는 한국인과 이야기가 된다.

어제의 행동을 후회했다. / 어제의 행동이 후회됐다.

2. 하다(타동사)/되다(자동사)/이다(조사)

가) 전망하다 / 전망되다 / 전망이다

예) 정부는 내년에 경기가 회복될 것으로 전망하고 있다.

내년에 경기가 회복될 것으로 전망되고 있다.

내년에 경기가 회복될 전망이다.

나) 의미하다 / 의미이다

예) 냄새를 못 맡는 것은 후각에 문제가 있다는 것을 의미한다.

냄새를 못 맡는 것은 후각에 문제가 있다는 의미이다.

3. 나타내다(타동사)/나타나다(자동사)

예) 얼굴에 감정을 나타내지 않는다. / 얼굴에 감정이 나타나지 않는다.

가수는 노래에 마음을 나타냈다. / 노래에 가수의 마음이 나타났다.

4. 보다(타동사)/보이다(자동사)

예) 혼자 바다를 보러 갔다. / 여기는 바다가 보이는 곳이다.

주인공의 행동을 보면 이야기의 결말이 보인다.

5. 듣다(타동사)/들리다(자동사)

예) 지하철에서 음악을 들었다. / 지하철에서 음악이 들렸다.

※ 다음 예들을 바르게 고쳐 보십시오.

1. 제가 한국에 오기 전에 1년 동안에 영어 공부만 했다.

문제점

수정 후

2. 저는 오늘 사회화에 관한 이론 주제로 발표하겠습니다.

문제점

수정 후

3. 중국의 문화와 한국의 문화 비교하면 같은 것 있지만 대부분을 다르다.

문제점

수정 후

4. 제가 생각하기에는 영어보다 한국어가 훨씬 더 쉽다고 생각한다.

문제점

수정 후

5. 대부분 사람들이 일이 때문에 스트레스가 많이 받는다.

문제점

수정 후

6. 이 보고서는 중국의 산아 제한에 대해있다.

문제점

수정 후

7. 학교는 청소년에게 보호와 도움을 줄 필요가 있다.

문제점

수정 후

8. 중국의 인구 문제는 그 전에 보이지 않는 복잡한 국면이 볼 수 있다.

문제점

수정 후

9. 지구 온난화가 예방하기 위해 우리가 생활에서 실천할 수 있는 것이 많다.

문제점

수정 후

10. '티끌 모아 태산'라는 말이 이다. 우리 스스로 이산화탄소의 배출이 줄이도록 노력해
    야 한다.

문제점

수정 후

알쏭달쏭 한국말 

비가 싫다?/비를 싫어하다?

느낌을 나타내는 '싫다, 좋다, 힘들다, 어렵다' 등은 "나는 비가 싫다.", "나는 한국어가 어렵다."와 같이 자신의 느낌만 나타낼 수 있어서 "동생이 비가 싫다."(×), "동생이 한국어가 어렵다."(×)와 같이 다른 사람의 느낌을 나타낼 수는 없다. 다른 사람이 어떻게 느끼는지를 표현한다는 것은 화자가 다른 사람의 모습을 보고 판단하는 것이다. 그래서 "동생이 비를 싫어한다.", "동생이 한국어를 어려워한다."와 같이 쓰게 된다. 형용사 '싫다, 좋다, 힘들다'의 어간 '싫-, 좋-, 힘들-'에 '-어하다'가 결합한 '싫어하다, 좋아하다, 힘들어하다'는 타동사이다. 그러므로 목적어를 요구한다.

　　예 나는 비가 싫다./나는 비를 싫어한다.

　　예 동생이 비가 싫다.(×) → 동생이 비를 싫어한다.

※ 문장 성분 간의 호응 관계를 고려하여 문장을 바르게 고쳐 쓰십시오.

1. 학생 글 '수업 시간에 모국어를 사용해도 되는가?' 중에서

　　우리 외국인이니까 맨날 한국어 쓰는 것을 어렵다고 생각한다.외국 사람들은 한국 사람처럼 말할 수 없다.그리고 실력이 너무 많이 부족해서 수업 내용 다 이해할수 없다고 생각한다.그래서 수업 시간에 다른 친구에게 물어보면 쉽게 수업을 이해할 것 같다.

수정 후

2. 학생 발표문 '청소년의 컴퓨터 게임 중독' 중에서

> 　컴퓨터 게임 중독자의 증상에 대해서 살펴보겠습니다. 컴퓨터 게임 중독자는 증상을 많이 보입니다. 행위 변덕스럽고 성격도 내성적입니다. 또한 사회적인 문제와 경제적인 문제에 대한 관심이 없다. 특히 청소년들은 공부 안 하고 학교 가기도 싫어해서 날마다 집에서 몇 시간씩 게임을 하거나 아니면 친구와 같이 PC방에 가서 게임을 한다.

수정 후

4과

문장 성분이 바르게 쓰였는가(2)

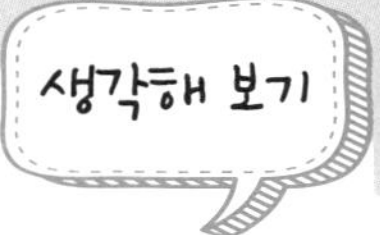

※ 다음 문장이 왜 어색한지 생각해 봅시다.

〈예 1〉

  저는 오늘 환경오염 문제에 대한 발표하겠습니다.

〈예 2〉

  저는 오늘 환경오염 문제에 대해서 발표를 하겠습니다.

〈예 3〉

  저는 오늘 환경오염 문제에 대한 발표를 하겠습니다.

1. 위의 예문에서 어색한 문장을 찾아봅시다.

2. 왜 어색한지 그 이유를 이야기해 봅시다.

문장에는 그 문장을 구성하는 여러 요소가 있는데, 이를 '문장 성분'이라고 한다. 문장 성분에는 주어, 서술어, 목적어, 보어, 관형어, 부사어 등이 있다. 이 중에서 주성분의 내용을 꾸며 뜻을 더하여 주는 문장 성분을 '부속 성분'이라고 한다.

1. 관형어: 체언 앞에서 체언의 뜻을 꾸며 주는 구실을 하는 말. 관형사, 동사와 형용사의 관형사형, 체언, 체언에 관형격 조사 '의'가 붙은 말, 동사와 형용사의 명사형에 붙는 관형격 조사 '의' 따위가 있다.

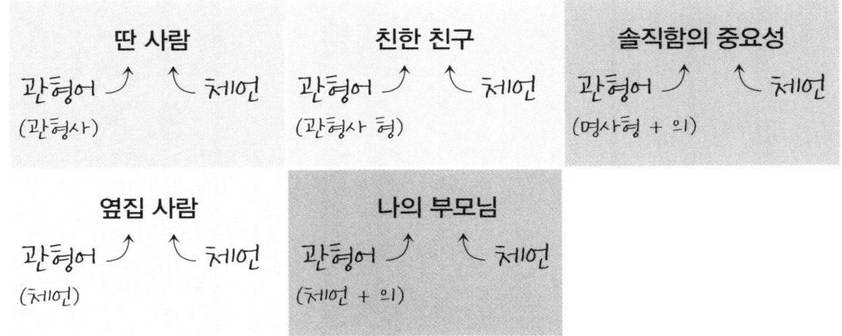

예) 청소년들에게서 나타나는 여러 가지 문제점도 있다.
온난화란 지표 부근의 기온이 장기적으로 상승하는 현상을 말한다.
멤버들의 음악성과 음악적인 특징 분석
투자 시간의 많고 적음의 문제가 아니다.

2. 부사어: 용언의 내용을 한정하는 말. 부사와 부사의 구실을 하는 단
   어·어절·관용어, 그리고 체언에 부사격 조사가 붙은 말, 어미 '-게'
   로 활용한 형용사 따위가 있다.

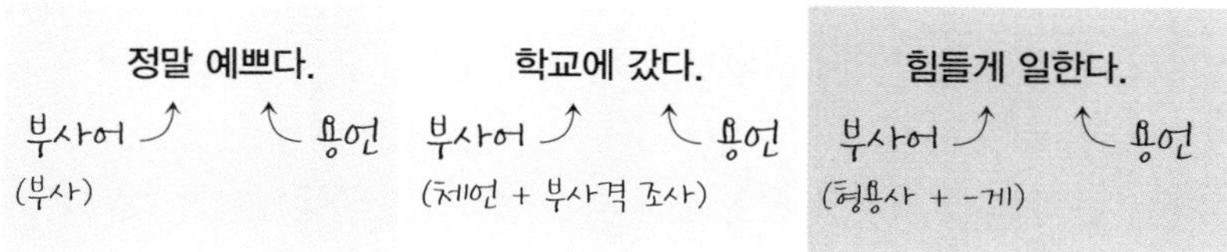

> 예 잘못하면 건강이 금방 나빠진다.
> 독일도 최고 온도 기록을 경신하게 되었다.
> 현대 사회에서 국가 간의 정보와 사람의 이동이 가속화되고 있다.

3. 독립어: 문장의 다른 성분과 밀접한 관계없이 독립적으로 쓰는 말.
   감탄사, 호격 조사가 붙은 명사, 제시어, 대답하는 말, 문장 접속 부
   사 따위가 있다.

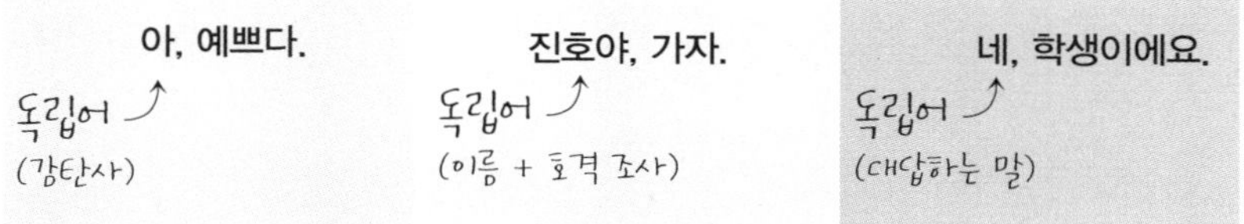

주말에는 보통 친구를 만난다. 그리고 밀린 집안일을 한다
독립어 ↗
(문장 접속 부사)

> 예 지구 온난화로 인해 사람뿐만 아니라 동식물들도 생존하는 환경
> 을 잃을 것이다. 그런데 동식물들은 사람과 달리 움직이기 매우
> 어렵다. 그래서 환경이 변하면 죽을 수밖에 없다.

· 품사
  품사에 대해서는 5과를 참고하기 바람.

관형어 뒤에는 체언이 와야 하고 부사어 뒤에는 용언이 와야 하는데 이러한 호응 관계가 적절하지 않아 어색한 경우가 많다. 관형어 뒤에 체언이 왔는지 부사어 뒤에 용언이 왔는지 확인해야 한다. 그리고 용언에 호응하는 부사어는 체언에 조사가 붙어 형성되는 경우가 있는데, 그 조사가 제대로 쓰였는지 확인해야 한다.

《보기 1》

저는 오늘 환경오염 문제에 대한 발표하겠습니다.

'-에 대한'은 관형어 표현이고 '-에 대해서'는 부사어 표현이다. 그래서 '-에 대한' 뒤에는 명사가 와야 하는데, '환경오염 문제에 대한' 뒤에 명사가 아니라 '발표하겠습니다'라는 동사(서술어)가 나와서 문장이 자연스럽지 않다.

수정 후

저는 오늘 환경오염 문제에 대한 발표를 하겠습니다.
저는 오늘 환경오염 문제에 대해서 발표하겠습니다.

《보기 2》

제목: 즐겁게 공부

· 명사형
  '명사형'이란 용언(동사, 형용사)이 명사와 같은 구실을 하게 하는 활용형을 말한다.
  1) -(으)ㅁ
     예 감/먹음/만듦
  2) -기
     예 가기/먹기/만들기

'즐겁게'는 부사어로 그 뒤에 서술어가 나와야 하는데 '즐겁게' 뒤에 '공부'라는 명사가 나와서 문장이 어색하다. '즐겁게'를 쓰려면 뒤에 '공부하기'나 '공부함'이 나와야 하며, '공부'를 쓰려면 '즐거운'이 나와야 한다.

수정 후

제목: 즐겁게 공부하기 / 즐거운 공부

《보기 3》

아이슬란드는 유럽에 가장 서쪽의 나라이다.

'유럽에'는 부사어로 뒤에 서술어가 있어야 하는데 보이지 않는다. 이 문장은 아이슬란드의 위치를 설명하는 문장이므로 '있다'라는 서술어를 넣어 주어야 한다. '유럽'도 위치를 나타내는 말이고 '서쪽'도 위치를 나타내는 말이다. '유럽'은 '서쪽'을 수식하는 말이므로 관형격 조사 '의'를 붙인다.

수정 후

아이슬란드는 유럽의 가장 서쪽에 있는 나라이다.

《보기 4》

용문석굴은 2000년에 유네스코에 세계문화유산으로 등재되었다.

《보기 4》에서 '유네스코'와 '세계문화유산'은 수식 관계이므로 '유네스코' 뒤에 조사 '에'를 쓸 수 없다. 수식 관계를 나타내는 조사는 '의'이다. 그리고 서술어 '등재되다'의 부사어는 체언에 부사격 조사 '에'가 결합된 형태로 표현된다.

수정 후

용문석굴은 2000년에 유네스코의 세계문화유산에 등재되었다.

표현 등재하다
누가 무엇을 어디에 ~
예) 편집자가 소설을 신문에 등재했다.

표현 등재되다
무엇이 어디에 ~
예) 소설이 신문에 등재되었다.

부사의 호응

부사는 동사나 형용사 앞에서 이를 수식하는 말이다. 부사 중에는 특정한 성분, 즉 부정 표현과 함께 쓰이는 부사가 있으므로 주의해야 한다.

1. 여간

예) 해외에서 혼자 산다는 것이 여간 어렵지 않다.

다리를 다쳐서 여간 불편한 것이 아니다.

2. 결코

예) 노력하지 않으면 좋은 결과를 결코 이룰 수 없다.

지금의 실수를 결코 잊어서는 안 된다.

3. 그다지

예) 남을 돕는 것은 그다지 어렵지 않다. / 그다지 어려운 일이 아니다.

약을 먹었는데도 그다지 나아지지 않고 있다.

4. 얼마나

예) 대학에 합격했다니, 얼마나 기쁜지 모른다.

좌절을 겪고 나서 성공을 거둘 때 내 자신이 얼마나 자랑스러운지 모른다.

5. 절대로

예) 지금의 이 실패를 절대로 잊어서는 안 된다.

절대로 사흘 안에 이 과제를 끝낼 수 없다.

이 외에 조사 '밖에'도 부정의 서술어와 호응한다.

예) 친구밖에 없다. / 친구밖에 모른다.

※ 다음 예들을 바르게 고쳐 보십시오.

1. 나의 아버지는 성격은 내형적인 성격이다.

문제점

수정 후

2. 한국의 사람도 예절에 대해서 너무 중시한다.

문제점

수정 후

3. 내가 아버지의 키가 작하지만 지혜로운 머리를 있다.

문제점

수정 후

4. 스트레스 해소를 위한 사람들이 영화가 보는 습관이 이다.

문제점

수정 후

5. 2014년은 중국 스마트폰의 가장 빠르게 발전했다.

문제점

수정 후

6. 좋은 회사가 취직하면 돈이 더 많이 벌 수 있다.

문제점

수정 후

7. 인생 중에서 성공과 좌절을 반복되어 나타난다.

[문제점]

[수정 후]

8. 지난 100년 동안 서울에 평균 온도가 2도 정도를 상승했다.

[문제점]

[수정 후]

9. 환경이 아이의 심리에 주는 영향 소개한다. 가족과 학교의 영향, 두 가지에 대한 소개
   한다.

[문제점]

[수정 후]

10. 다음에 중국에 한국 드라마 "별에서 온 그대"의 영향에 대해서 말씀드리겠습니다.

[문제점]

[수정 후]

알쏭달쏭 한국말 ❹

잘 못하다?/잘못하다?

　'잘 못하다'와 '잘못하다'는 비슷해 보이지만 띄어쓰기가 달라지면서 완전히 다른 뜻을 나타낸다. '잘 못하다'는 능숙하지 못하다는 의미를 나타내고 '잘못하다'는 실수하거나 틀렸다는 의미를 나타낸다. 다음 두 문장의 빈칸에 '잘못하다'는 어떻게 써야 할까?

　　(가) 한국어를 ＿＿＿＿＿＿ 한국인만 만나면 말을 걸어요.
　　(나) 한국어를 ＿＿＿＿＿＿ 자주 오해를 산다.

　(가)에서 앞 문장은 한국어가 능숙하지 못하다는 의미를 나타내는 '잘 못해도'가 들어가지만, (나)에서 앞 문장은 실수하거나 틀렸다는 의미를 나타내는 '잘못해서'가 들어간다. 이처럼 한국어는 띄어쓰기에 따라 의미가 달라지므로 띄어쓰기에 주의해야 한다.

※ 문장 성분 간의 호응 관계를 고려하여 문장을 바르게 고쳐 쓰십시오.

1. 학생 보고서 '첫인상의 중요성' 중에서

　　21세기 좋은 회사에서 각각 재능이 있는 사람이 필요하다.그런데 사실에 조금 사람이 모습을 못생겨서 못 취업하는 경우이 많다.왜냐하면 사람의 첫인상이 좋지 않은 때문이다.이러한 예를 보면 첫인상이 얼마나 중요한지 알 수 있다.일반적으로 첫인상이 바꾸지 못한다고 생각하지만 노력을 하면 바꿀 수 있다.

수정 후

2. 학생 토론문 '국제결혼의 문제' 중에서

  저도 국제결혼을 하면 언어와 문화 차이 때문에 생기는 문제가 많은 것이 동의합니다. 언어는 생각을 소통하는 매개입니다. 상대방의 마음을 언어로 알 수 있기 때문에 언어 문제가 있으면 상대방의 말을 오해하거나 잘못 이해할 수 있습니다. 사람이 자라던 환경을 따라서 문화와 사고방식이 다를 수 있으므로 국적이 다른 사람이 같이 생활하면 문제가 쉽게 생깁니다.

수정 후

5과

동사인가 형용사인가(1)

※ 다음 문장이 왜 어색한지 생각해 봅시다.

〈예 1〉

  홍콩의 야경은 세계적으로도 아주 유명한다.

〈예 2〉

  밤 혼자 다니면 위험한다.

〈예 3〉

  청소년이 영상매체 때문에 견문을 넓히다.

〈예 4〉

  유전 현상 연구할 때 인간을 대상으로 하지 못하다.

1. 각 문장의 어느 부분이 어색한지 찾아봅시다.

2. 왜 어색한지 그 이유를 이야기해 봅시다. 그리고 바르게 바꿔 봅시다.

3. '-지 않다'와 '-지 못하다'에서 '않다, 못하다'에는 어떤 어미가 연결될지
   생각해 봅시다.

품사

　단어를 기능, 형태, 의미에 따라 나누는데, 이를 '품사'라 한다. 한국어에서는 단어를 명사, 대명사, 수사, 동사, 형용사, 관형사, 부사, 조사, 감탄사로 구분한다.

1. 명사: 사물의 이름을 나타내는 말.
　　예 하늘, 바다, 책상, 교실 / 서울, 베이징, 뉴욕, 김수현, 존

2. 대명사: 사람이나 사물의 이름을 대신 나타내는 말.
　　예 나, 너, 우리, 누구 / 거기, 무엇, 그것, 이것, 저기, 어디

3. 수사: 사물의 수량이나 순서를 나타내는 말.
　　예 하나, 둘, 셋 – 사과 하나만 주세요.
　　　첫째, 둘째, 셋째 – 이 아이가 우리 집 둘째입니다.

◆ 명사, 대명사, 수사는 '체언(體言)'이라고 한다. '체언' 뒤에는 조사가 결합하여 문장에서 주어나 목적어 등의 성분이 된다.

4. 동사: 사물의 동작이나 작용을 나타내는 말.
　　예 자다, 먹다, 공부하다, 웃다, 울다

5. 형용사: 사물의 성질이나 상태를 나타내는 말.
　　예 예쁘다, 크다, 작다, 아프다, 슬프다

◆ 동사와 형용사는 '용언(用言)'이라고 한다. '용언'의 어간에는 어미가 결합하여 문장에서 서술어의 역할을 한다.

· 수사와 수 관형사

　수사 뒤에는 조사가 붙을 수 있으나 수 관형사 뒤에는 조사가 붙을 수 없다.
예 사과 하나만 주세요.
　(수사)
　사과 한 개만 주세요.
　(수 관형사)

· 어간

　동사나 형용사에서 형태가 변하지 않는 부분. 동사나 형용사는 어미가 결합하여 형태가 변한다.
예 '먹는다 / 먹었다 / 먹고'에서 '먹–'

6. 관형사: 체언 앞에 놓여서, 그 체언의 내용을 자세히 꾸며 주는 말.
    예 순 살코기, 전 국민, 그 친구, 저 사람

7. 부사: 용언 또는 다른 말 앞에 놓여 그 뜻을 분명하게 하는 말.
    예 매우 예쁘다. / 아주 힘들다. / 점점 추워진다.

◆ 관형사와 부사는 '수식언(修飾言)'이라고 한다. '수식언'은 체언이나 용언 앞에서 그 단어의 의미를 더해 주는 역할을 한다.

8. 감탄사: 말하는 이의 본능적인 놀람이나 느낌, 부름, 응답 따위를 나타내는 말.
    예 아, 그렇구나. / 아이고, 죽겠다.

◆ 감탄사는 문장에서 독립적으로 쓰인다고 하여 '독립언(獨立言)'이라고 한다.

9. 조사: 체언이나 부사, 어미 따위에 붙어 그 말과 다른 말과의 문법적 관계를 표시하거나 그 말의 뜻을 도와주는 말.
    예 저는 학교에서 점심을 먹습니다.

◆ 조사는 문장에 쓰인 단어들의 관계를 나타내 준다고 하여 '관계언(關係言)'이라고 한다.

・관형사형과 관형사
  관형사형은 동사나 형용사의 어간에 어미가 결합한 것으로 형태가 변한다.
  예 의견이 다른 친구
    (의견이 다르다.)
  관형사는 관형사형과 달리 형태가 변하지 않는다.
  예 다른(딴) 생각 하지 말고 공부만 해.

◆ 무엇이 잘못일까? ◆

형용사의 어간에는 명령형과 청유형 어미가 결합할 수 없다. 따라서 '건강하다', '행복하다' 등은 명령 표현으로 쓸 수 없다.

예 건강하세요.(×)
→ 건강하기를 바랍니다.
　행복하세요.(×)
→ 행복하기를 바랍니다.

동사와 형용사는 단어의 성격이 다를 뿐 아니라 연결되는 어미의 형태도 다르다. 그러므로 서술어로 쓰인 단어가 동사인지 형용사인지 확인할 필요가 있다. 동사와 형용사는 언어에 따라 그 판단이 다를 수 있으므로 사전을 통해서 동사인지 형용사인지 품사를 확인해야 한다.

	동사		형용사
예	가다	먹다	예쁘다
평서형	학교에 간다.	밥을 먹는다.	눈이 예쁘다.
감탄형	학교에 가는구나.	밥을 먹는구나.	눈이 예쁘구나.
명령형	학교에 가라.	밥을 먹어라.	눈이 예뻐라.
청유형	학교에 가자.	밥을 먹자.	눈이 예쁘자.

예 이 보고서에서는 중국의 산아 제한에 대해 분석하고자 한다.
　사람들은 일반적으로 이성과 결혼하여 전통적인 가정생활을 유지해야 한다고 믿는다.
　유럽의 여러 국가는 동아시아와 달리 한국 경제와 정치의 관심이 더 많다.
　온난화는 지구에 있는 아름다운 자연유산도 위협하고 있다.

참고로 부정의 의미를 나타내는 '않다'는 항상 '-지'와 함께 '-지 않다'의 꼴로 쓰인다. '않다'의 품사는 앞에 오는 단어의 품사와 같다. 즉 '-지'와 결합하는 단어가 동사이면 '않다'도 동사가 되고, '-지'와 결합하는 단어가 형용사이면 '않다'도 형용사가 된다.

(동사)　　가다 → 학교에 가지 않는다.
(형용사)　크다 → 키가 크지 않다.
예 동성애는 질병이 아니고 누구에게도 해를 끼치지 않는다.
　인구가 감소하면 경제 발전에도 좋지 않다.
　초기 기록은 정확도와 신뢰도가 높지 않다.

《보기 1》

> 홍콩의 야경은 세계적으로도 아주 유명한다.

《보기 1》의 서술어인 '유명하다'의 품사는 형용사인데, 동사에 붙는 종결 어미 '-ㄴ다'가 연결되어 문장이 자연스럽지 않다. 형용사의 어간에 연결되는 종결 어미는 '-ㄴ다/는다'가 아니라 '-다'이다.

수정 후

> 홍콩의 야경은 세계적으로도 아주 유명하다.

《보기 2》

> 밤 혼자 다니면 위험한다.

《보기 2》의 서술어인 '위험하다'의 품사는 형용사인데, 동사에 붙는 종결 어미 '-ㄴ다'가 연결되어 문장이 자연스럽지 않다. 형용사의 어간에 연결되는 종결 어미는 '-ㄴ다/는다'가 아니라 '-다'이다.
다음으로 시간을 나타내는 단어인 '밤' 뒤에는 부사격 조사 '에'가 쓰여야 한다.

수정 후

> 밤에 혼자 다니면 위험하다.

표현 유명하다

누가/무엇이 ~
　예) 여주인공이 유명하다./야경이 유명하다.
어디에서 누가/무엇이 ~
　예) 영화에서 여주인공이 유명하다./홍콩에서 야경이 유명하다.
어디는 누가/무엇이 ~
　예) 이 영화는 여주인공이 유명하다./홍콩은 야경이 유명하다.

《보기 3》

청소년이 영상 매체 때문에 견문을 넓히다.

'넓히다'는 '넓게 만들다'라는 의미를 나타내는 동사이다. 그러므로 종결 어미로 '-다'를 연결할 수 없다. '넓히다'는 동사이므로 '-ㄴ다'를 붙여야 한다.

그리고 '영상 매체'는 청소년이 견문을 넓히는 수단이므로 이유를 나타내는 '때문에'라는 표현보다는 '통해서'를 쓰는 것이 자연스럽다.

수정 후

청소년은 영상 매체를 통해서 견문을 넓힌다.

《보기 4》

유전 현상 연구할 때 인간을 대상으로 하지 못하다.

《보기 4》에서 '못하다'는 동사이므로 동사 어간에 붙는 종결어미인 '-ㄴ다'가 붙어야 한다.

그리고 '연구하다'는 타동사이므로 '유전 현상'에 목적격 조사 '을'이 결합하는 것이 자연스럽다.

수정 후

유전 현상을 연구할 때에는 인간을 대상으로 하지 못한다.

표현 넓다/넓히다
넓다: 무엇이 ~.(형용사)
　예 도로가 넓다.
넓히다: 누가 무엇을 ~.
(동사)
　예 인부가 도로를 넓히다.

표현 연구하다
누가 무엇을/무엇에 대해서 ~
　예 이분은 평생 한국의 역사에 대해 연구했다.

※ 다음 예들을 바르게 고쳐 보십시오.

1. 컴퓨터의 메모리 용량이 큰다.

문제점

수정 후

2. 인터넷 쇼핑몰은 백화점보다 더 싸게 살 수 있고 상품 종류가 많는다.

문제점

수정 후

3. 수질이 원래 모습으로 돌아갈 수 있기 위해 우리의 노력을 필요한다.

문제점

수정 후

4. 인생에서 성공과 노력은 나뉘지 않다. 성공과 노력은 하나이다.

문제점

수정 후

5. 미국주민들이 97% 영어를 잘 사용한다. 0.8%만이 영어를 사용하지 않다.

문제점

수정 후

6. 특히 힘들 때는 아빠의 말이 저에게 아주 유용한다.

문제점

수정 후

7. 나의 생각하기에는 노력은 성공의 기초이고 재능은 성공의 열쇠이다. 재능은 노력보다
   더 중요한다.

문제점

수정 후

8. 면접관은 내가 방송에 맞지 않다고 하였다.

문제점

수정 후

9. 보통 아들들은 아버지가 무서워하지만 아버지는 저랑 사이가 아주 친하신다.

문제점

수정 후

10. 효율적인 의사소통 위해서 먼저 의사소통의 방법이 알아야 되다.

문제점

수정 후

알쏭달쏭 한국말 ⑤

기차가 떠나 버렸으면 어떠캐? 어떡해? 어떻해?

　어찌해야 할지 모르는 상황을 나타내는 [어떠캐]는 어떻게 표기해야 할까? 이 [어떠
캐]는 '어떻게 하다'가 줄어든 '어떡하다'의 활용형이다. 그러므로 '어떠캐'나 '어떻해'
로 표기할 수 없고, '어떡해'로 표기해야 한다. 이와 발음이 비슷한 '어떻다(어떠하다)'
는 상태나 형편이 되어 있는 상태를 나타낼 때 쓰이는 표현이다.

　예 어떡하다:　이따가 쓸 것인데 버리면 어떡해?/지금 오면 어떡해요?

　　　 어떻다:　 이 단어는 어떻게 쓰지?/나이가 어떻게 되세요?

※ 동사와 형용사의 활용 형태에 주의하여 문장에서 잘못된 부분을 고쳐 쓰십시오.

1. 학생 글 '나의 성공과 좌절' 중에서

일이 잘하고 싶으면 실패를 두려워하지 않아야겠다.한국어 공부할 때 제일 걱정되는 과목이 바로 쓰기다.왜냐하면 쓰기는 문법을 필요하고 단어 변형도 많이 있다.그리고 쓰기 시험은 시간이 작고 시험 문제 많이 있어서 아는 문제도 많이 틀리다.어학원에 공부할 때 평소에 수업이 잘 들었고 시험 전 공부했는데 시험지 받은 후에 공부한 것을 다 잊어버렸다.

수정 후

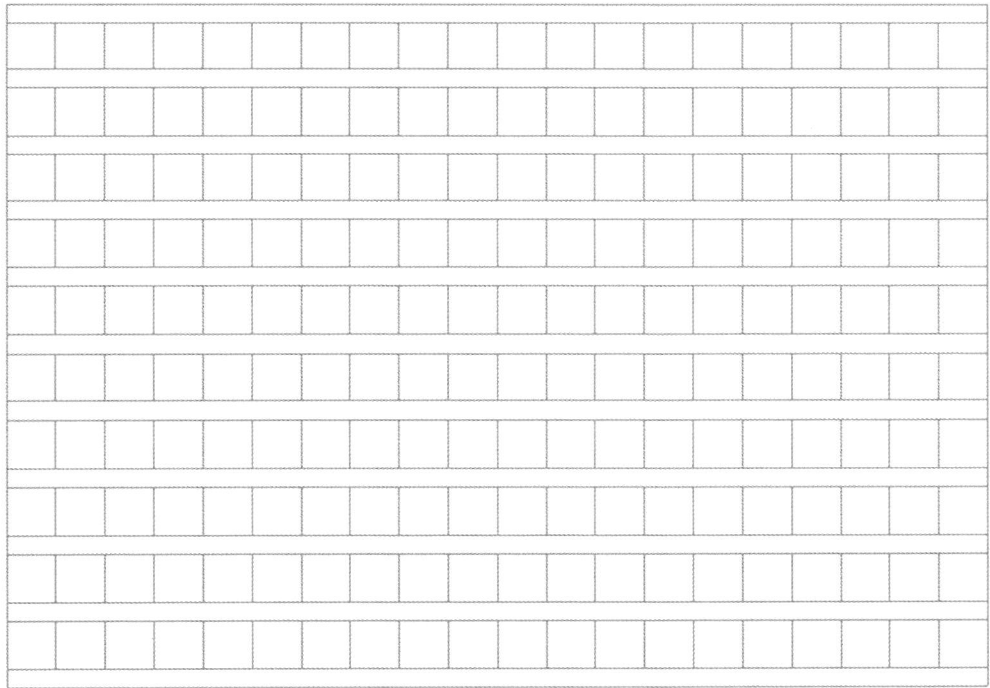

2. 학생 글 '중국의 인구 문제' 중에서

수정 후

부정문의 유형

한국어의 부정문은 의미에 따라 크게 세 가지로 나누어 볼 수 있다.

1. 안/-지 않다

  '안' 부정문은 어떤 행위가 일어나지 않았거나 그러한 상태가 일어나지 않았음을 나타낸다. '안'은 동사나 형용사 앞에 쓰이는데, 모든 동사나 형용사 앞에서 쓰일 수 있는 것은 아니다. '안' 부정문은 '-지 않다(아니하다)'로 쓰이기도 하는데 이때에는 모든 동사나 형용사의 어간에 결합할 수 있다.

  예 주말에는 보통 시장에 안 간다. / 가지 않는다.

  　실험 결과가 인간을 이해하는 데 별 도움이 안 된다. / 되지 않는다.

  　산과 산은 연결되어 있지 않다. / 안 연결되어 있다.(×)

  　이것은 우리나라에는 많지 않은 휴화산이다. / 안 많은 휴화산이다.(×)

2. 못/-지 못하다

  '못' 부정문은 능력이나 다른 외부의 원인 때문에 행위가 일어나지 못하는 것을 표현한다. 이 부정문은 동사 앞에서만 쓰이며 '-지 못하다'로 쓰이기도 한다.

  예 다리를 다쳐서 학교에 못 갔다. / 가지 못했다.

  　한국에서 유학을 하고 있기 때문에 고향에 자주 못 간다. / 가지 못한다.

  　나이가 들면서 아버지를 이해하게 되었지만 아직 이해하지 못하는 것도 있다.

3. -지 말다

  '말다' 부정문은 명령문이나 청유형에만 쓰이고 평서문이나 의문문에는 쓰이지 않는다. '말다' 부정문은 어떤 행동의 금지를 나타내기 때문에 동사와만 호응한다.

  예 사람이 많으니까 시장에 가지 마라.

  　아버지께서는 항상 늦게 다니지 말라고 말씀하셨다.

한국어 사전 찾아보기

단어의 의미를 알기 위해 사전을 찾는 경우가 많은데, 사전을 이용할 때는 한국어 사전을 직접 이용하는 것이 바람직하다. 국립국어원에서 제공하는 '표준국어대사전'이나 '다음'이나 '네이버' 등의 포털 사이트에서 제공하는 국어사전을 이용하기 바란다.

국립국어원의 표준국어대사전(http://stdweb2.korean.go.kr/main.jsp)

네이버의 국어사전(http://krdic.naver.com/)

다음의 사전(http://dic.daum.net/index.do)

아래는 '표준국어대사전'에서 제공하고 있는 '다르다'의 정보이다. 아래의 그림에서 보는 바와 같이 국어사전에는 '발음', '활용 정보', '품사', '의미', '문형', '용례' 등 다양한 정보가 제공되어 있다.

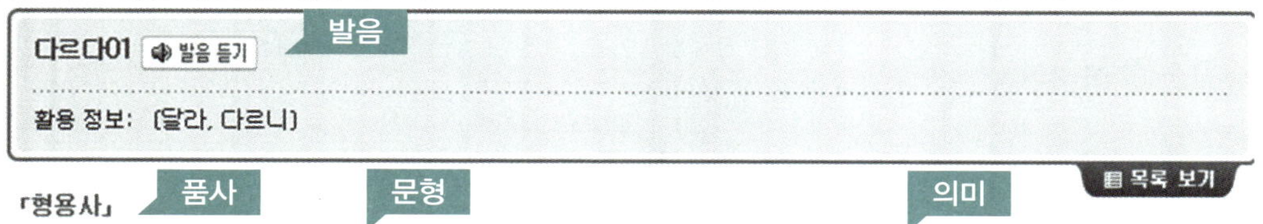

6과

동사인가 형용사인가(2)

※ 다음 문장이 왜 어색한지 생각해 봅시다.

〈예 1〉

　일본에서 쓰레기를 처리한 방법

〈예 2〉

　다이어트하는 방법이 체형별 다르는 것 알고 계십니까?

〈예 3〉

　사람이 스트레스를 받지 않은 상황이 없다.

1. 각 문장의 어느 부분이 어색한지 찾아봅시다.

2. 왜 어색한지 그 이유를 이야기해 봅시다. 그리고 바르게 바꿔 봅시다.

동사와 형용사는 연결되는 종결 어미의 형태도 다르지만 연결되는 관형사형 어미의 형태도 다르다.

	동사		형용사	
예	가다	먹다	크다	좋다
현재	집에 <u>가는</u> 친구	밥을 <u>먹는</u> 친구	눈이 <u>큰</u> 친구	눈이 <u>좋은</u> 친구
과거	집에 <u>간</u> 친구	밥을 <u>먹은</u> 친구	×	×

동사에 결합하는 관형사형 어미와 형용사에 결합하는 관형사형 어미는 현재를 나타내느냐 과거를 나타내느냐에 따라 달라진다. 동사 어간에는 현재 시제를 나타내는 관형사형 어미로 '-는'이 붙고, 형용사 어간에는 현재 시제를 나타내는 관형사형 어미로 '-ㄴ/은'이 붙는다. 반면에 과거 시제를 나타내는 관형사형 어미('-ㄴ/은')는 동사에만 붙고 형용사에는 붙지 않는다.

⑩ 전 세계 사람들이 매년 <u>배출하는</u> 이산화탄소의 양은 상당히 <u>많을</u> 것이다.

중국은 예로부터 남자를 중시하고 여자를 <u>무시하는</u> 의식을 가지고 있기 때문에 남녀 출생 비율이 점점 커지고 있다.

요즘은 아침을 <u>먹지</u> 않는 사람이 많다.

설명서에 <u>적힌</u> 대로 하면 쉽게 사용할 수 있다.

다만 과거 선어말 어미 '-았/었-'과 어미 '-던'이 결합한 '-았던/었던' 등의 어미로 형용사의 과거 시제를 표현하기도 한다.

⑩ 눈이 <u>컸던</u> 친구/눈이 <u>좋았던</u> 친구

· 관형사형 어미

동사나 형용사의 어간에 붙어 관형어 구실을 하게 만드는 어미. 동사나 형용사가 서술어로 쓰이는 문장을 관형어로 만든다.
⑩ 방학 때 고향에 가다
→ 방학 때 고향에 가는 사람

· 미래 시제의 관형사형 어미

미래 시제를 나타내는 관형사형 어미는 동사와 형용사에 모두 동일한 형태가 결합한다.
⑩ 갈 사람/먹을 사람
예쁠 장소/좋을 장소

· 선어말 어미

어말 어미 앞에 나타나는 어미.
⑩ 먹었습니다.

《보기 1》

현재 일본에서 쓰레기를 처리한 방법

《보기 1》은 현재 일본의 쓰레기 처리 방법을 기술하는 상황이므로
현재의 상황을 나타낸다. 그러므로 현재 시제를 나타내는 관형사형 어
미를 써야 한다. '처리하다'는 동사이므로 현재 시제 관형사형 어미 '-
는'이 붙는다.

수정 후

현재 일본에서 쓰레기를 처리하는 방법

《보기 2》

다이어트하는 방법이 체형별 다르는 것 알고 계십니까?

《보기 2》는 일반적인 사실에 대해 기술하는 상황이므로 현재의 상황
을 나타낸다. 이 문장에서 '다르는'은 '다르다'의 어간에 현재 시제 관형
사형 어미 '-는'이 결합한 말이다. '다르다'는 형용사이므로 현재 시제
관형사형 어미로 '-는'이 결합할 수 없다. '다르다'의 어간에는 형용사
에 붙는 현재 시제 관형사형 어미 '-ㄴ'이 결합해야 한다.
그리고 '체형에 따라'의 의미로 '체형별'을 쓸 때에는 부사격 조사
'로'를 함께 써야 한다.

수정 후

다이어트하는 방법이 체형별로 다른 것을 알고 계십니까?

표현 **다르다**

무엇이 누구와 다르다
예 그와 나는 생각이
다르다.
무엇이 ~별로 다르다
예 생각이 나라별로
다르다./음식이 지
역별로 다르다.

《보기 3》

> 일반적으로 사람이 스트레스를 받지 않은 상황이 없다.

《보기 3》이 나타내는 상황은 과거가 아니라 현재이므로 현재 시제 관형사형 어미를 써야 한다. '받다'가 동사이므로 '받지 않다'의 '않다'도 동사이다. 그러므로 '않다'의 어간에는 현재 시제 관형사형 어미 '-는'이 붙는다.

그리고 '사람이'와 '상황이'에서 주격 조사 '이'가 반복되어 자연스럽지 않다. 둘 중 하나를 '은'으로 바꾸는 것이 좋을 듯하다.

수정 후

일반적으로 사람이 스트레스를 받지 않는 상황은 없다.

※ 다음 예들을 바르게 고쳐 보십시오.

1. 아버지는 제가 가장 존중한 사람입니다.

[문제점]

[수정 후]

2. 중국은 지형과 지역에 따라 다양하는 기후를 보이다.

[문제점]

[수정 후]

3. 나는 회사에 안 가고 집에 있는 시간에 항상 차를 마신편이다.

[문제점]

[수정 후]

4. 가장 중요하는 것은 중국 자체가 문화 산업을 중시해야 한다는 것이다.

[문제점]

[수정 후]

5. 우리는 먼저 캥거루를 보는 후에 다른 관광지를 갈 거예요.

[문제점]

[수정 후]

6. 제가 제일 좋아하는 음식은 아버지 만들은 음식 있다.

[문제점]

[수정 후]

7. 사실은 내 인생 중에서 가장 큰 성공은 대학교가 입학하는 것이다.

문제점

수정 후

8. 아버지는 나를 데리고 집으로 갔다. 집에 간 길에 나의 가슴이 쿵쾅거렸다.

문제점

수정 후

9. 우리는 다른 사람을 처음 볼 때에 예절이 있은 사람에 대해 좋은 인상이 있다.

문제점

수정 후

10. 예전에는 가족들이 농사만 지었기 때문에 아이에게 주의하는 시간이 없었다.

문제점

수정 후

알쏭달쏭 한국말 6

너희 사겨?

친구들 사이에서 "너희 사겨?"라는 말을 종종 듣게 된다. 이때 '사겨'는 비표준어이다. 이 말은 '사귀다'에서 온 말로 '사귀어'가 줄어든 표현이다. 그러나 '사귀어'를 줄여 표기할 때 '사궈' 또는 '사궈'로 표기할 수 없다. 그러므로 '사귀어'는 줄여 표기하지 않는다. 즉 "너희 사귀어?"로 표기해야 한다. '사귀었다'도 '사겼다'로 줄여 표기하지 않는다.

1. 학생 보고서 '단편영화 광고에 대하여' 중에서

> 단편영화 광고는 인터넷에 제공되는 동영상의 한 종류이다. 인터넷 매체는 관중에게 상호 작용을 하다. 그것은 전통 광고가 없은 것이다. 인터넷 동영상을 좋아한 사람들은 단편영화 광고에 관심을 가지다. 그렇지만 노인과 아동들은 인터넷을 사용하지 않다. 그래서 단편영화 광고는 노인과 아동들에게 영향을 없다.

수정 후

2. 학생 발표문 '나의 대학 생활' 중에서

당시에 저는 여행만 좋아했고 대학교에 입학하는 생각이 없습니다. 그래서 부모님은 너무 슬프다. 매일 부모님이 벌은 돈 친구하고 같이 놀랐다. 그렇지만 한국에 온 후에 열심히 공부하고 아르바이트도 하다. 제가 한국에서 처음 아르바이트를 벌은 돈 사용해서 제주도 여행했고 부모님은 선물도 사고 고향에 돌아갔다. 지금은 대학교에 입학했고 대학 생활을 즐기고 있었다.

수정 후

2. 학생 발표문 '나의 대학 생활' 중에서

7과

조사의 쓰임이 바른가(1)

※ 다음 문장이 왜 어색한지 생각해 봅시다.

〈예 1〉

우리 비행기 타러 갈 것이다.

〈예 2〉

부모와 자녀 간 어떤 문제가 있는지 살펴보았다.

〈예 3〉

(이것은) 나라의 경제에게 좋은 영향이 있다.

〈예 4〉

아버지는 제가 모범이 되신다.

1. 각 문장의 어느 부분이 어색한지 찾아봅시다.

2. 왜 어색한지 그 이유를 이야기해 봅시다. 그리고 바르게 바꿔 봅시다.

조사

한국어에는 다양한 조사가 있다. 조사가 문법적인 기능만을 하느냐, 의미도 나타내느냐에 따라 격 조사와 보조사로 나뉜다.

1. 격 조사

명사 뒤에 붙어 앞말이 다른 말에 대하여 갖는 일정한 자격을 나타내는 조사이다. 주격 조사, 서술격 조사, 목적격 조사, 보격 조사, 관형격 조사, 부사격 조사, 호격 조사 따위가 있다.

1) 주격 조사: 명사가 서술어의 주어임을 표시하는 격 조사.
　⟨예⟩ 왕호가 웃는다. / 학생이 많다.
　　　온실 효과를 일으키는 온실가스가 온난화의 유력한 원인으로 꼽힌다고 한다.

2) 서술격 조사: 명사 뒤에 붙어 서술어 자격을 가지게 하는 격 조사.
　⟨예⟩ 왕호가 학생이다.
　　　어렸을 때부터 정말 친한 친구였다.(친구이었다)
　　　2080년이 되면 중국의 인구가 13억 9천 명에 이를 것이다.

3) 목적격 조사: 명사가 서술어의 목적어임을 표시하는 격 조사.
　⟨예⟩ 왕호가 밥을 먹는다.
　　　화석 연료는 인간이 지난 20년간 만들어 낸 이산화탄소의 생산 수치 4분의 3을 차지한다.

4) 보격 조사: 명사가 보어임을 표시하는 격 조사.
　⟨예⟩ 왕호가 대학생이 되었다.
　　　인구 증가는 환경오염의 주요 원인이 되었다.
　　　그 팀의 공연은 혼자의 무대가 아니라 단체 무대라는 인상을 준다.

5) 관형격 조사: 명사가 뒤에 오는 명사의 관형어임을 보이는 격 조사.

> ㉖ 왕호의 친구
> 그래프에서 보다시피 인구의 노령화 속도가 빨라지고 있다.

6) 부사격 조사: 명사가 부사어임을 보이는 격 조사.

> ㉖ 왕호가 학교에 간다. / 왕호가 학교에서 밥을 먹는다.
> 양국의 경제적인 효과가 극대화될 수 있을 것으로 기대를 모으
> 고 있다.

7) 호격 조사: 명사를 부르는 자리에 놓아 독립어가 되게 하는 격 조사.

> ㉖ 왕호야, 여기 좀 봐.

2. 보조사

어떤 특별한 의미를 더해 주는 조사이다. 명사 이외에 부사나 어미 뒤에 결합할 수 있다는 점이 특이하다. '은/는', '도', '만', '까지', '마저', '조차', '부터' 따위가 있다.

> ㉖ 인구가 감소하면 좋지만 그에 따른 폐해도 있다.
> 식물들은 움직일 수가 없어서 불이 나면 죽을 수밖에 없다.

• 보조사의 결합 성분

보조사는 체언뿐만 아니라 부사나 어미 뒤에 결합할 수 있으며, 주어, 목적어, 보어, 부사어 등 다양한 자리에 쓰일 수 있다.

　외국인이 쓴 문장에는 조사가 잘못된 예도 많지만 조사를 쓰지 않은 예도 많다. 구어체에서는 조사가 모두 드러나지 않아도 문장이 어색하지 않지만, 문어체에서는 조사가 드러나지 않으면 문장이 어색해진다. 그러므로 문장에 누락된 조사가 있는지 확인한 후에 적절한 조사를 넣어야 한다.

《보기 1》

> 우리 비행기 타러 갈 것이다.

　《보기 1》에서는 조사가 드러나지 않고 단어만 나열되어 있어 문장이 어색하다. '우리'와 '비행기' 뒤에 조사를 써야 한다. '우리'는 문장의 화제이므로 '는'을 붙이고 '비행기'는 '타다'의 목적어이므로 목적격 조사를 붙여야 한다.

수정 후

> 우리는 비행기를 타러 갈 것이다.

《보기 2》

> 부모와 자녀 간 어떤 문제가 있는지 살펴보았다.

　《보기 2》에서 '있다'의 주어는 '어떤 문제'이고 '부모와 자녀 간'은 부사어이다. '있다'는 '무엇이 어디에 있다'와 같은 문형으로 쓰인다. 그러므로 '부모와 자녀 간' 뒤에는 부사격 조사 '에'가 필요하다. 그리고 '살펴보다'는 '누가 무엇을 살펴보다'와 같은 문형으로 쓰인다. 이 문장에서 '무엇을'에 해당하는 부분은 '부모와 자녀 간 어떤 문제가 있는지'이므로 뒤에 목적격 조사를 쓸 필요가 있다.

수정 후

> 부모와 자녀 간에 어떤 문제가 있는지를 살펴보았다.

◆ 무엇이 잘못일까?(2) – '에'와 '에게'의 구별 ◆

명사에 붙어 그 말이 대상이나 장소임을 나타내는 부사격 조사에는 '에'와 '에게'가 있다. 그런데 '에'가 결합하는 명사는 무정 명사이어야 하고 '에게'가 결합하는 명사는 유정 명사이어야 한다. 그러므로 '에'나 '에게'를 써야 할 상황에서 이들이 결합하는 명사가 유정 명사인지 무정 명사인지 검토할 필요가 있다.

에	에게
학교에 간다.	친구에게 간다.
경제에 좋은 영향을 미친다.	청소년에게 좋은 영향을 미친다.
미래에 큰 부담을 준다.	부모에게 큰 부담을 준다.
컴퓨터에 관심이 있다.	한국인에게 관심이 있다.

• 무정 명사와 유정 명사
무정 명사: 감정을 나타내지 못하는, 식물이나 무생물을 가리키는 명사.
유정 명사: 감정을 나타내는, 사람이나 동물을 가리키는 명사.

《보기 1》

> (이것은) **나라의 경제에게 좋은 영향이 있다.**

'좋은 영향이 있다'는 '무엇이 어디/무엇에 좋은 영향이 있다'로 쓰인다. '어디/무엇'에 해당하는 '나라의 경제'는 무정 명사이므로 '에게'가 아니라 '에'를 써야 한다.

참고로 '좋은 영향이 있다/없다'보다는 '좋은 영향을 미치다'라는 표현이 더 자연스럽다.

수정 후

(이것은) **나라 경제에 좋은 영향을 미친다.**

《보기 2》

아버지는 제가 모범이 되신다.

'모범이 되다'라는 표현은 '누가 누구에게 모범이 되다'로 쓰인다. 이 문장에서 '아버지'는 '누가'에 해당하고 '저'는 '누구'에 해당한다. 즉 '저'는 서술어 '모범이 되다'의 대상이므로 주격 조사 '이/가'가 올 수 없다. 대상을 나타내는 조사 '에'나 '에게'가 쓰여야 하는데 '저'는 유정 명사이므로 '에게'가 와야 한다. 이때 '저'는 구어체이므로 '나'로 쓰는 것이 자연스럽다.

| 수정 후 |

아버지는 나에게 모범이 된다.

《보기 3》

직접 광고와 간접 광고는 상업에게 중요성이 있다. 광고가 소비자들에게 큰 영향력이 있기 때문이다.

첫 번째 문장에서 대상에 해당하는 '상업'은 무정 명사이므로 '에게'가 아니라 '에'가 쓰여야 한다.
그런데 '무엇이 무엇/어디에 중요성이 있다'라는 표현은 자연스럽지 않다. '무엇/어디에 중요성이 있다'보다는 '무엇/어디에서 중요하다'로 쓰는 것이 자연스럽다.

| 수정 후 |

직접 광고와 간접 광고는 상업에서 중요하다. 광고가 소비자들에게 큰 영향력이 있기 때문이다.

※ 다음 예들을 바르게 고쳐 보십시오.

1. 이 보고서는 현재 중국 경제 직면한 문제와 대책에 대해 고찰하였다.

문제점

수정 후

2. 광고 경쟁 증가하는 시장에서 단편 영화가 사람들의 관심을 많이 받았다.

문제점

수정 후

3. 영은사는 중국 강남 유명한 고찰 중 하나이며 중국 불교 10대 고찰 중 하나이다.

문제점

수정 후

4. 고등학교에 다닐 때 제가 컴퓨터에게 관심이 많아서 컴퓨터 언어를 배웠다.

문제점

수정 후

5. 이런 장점을 친구들에게 소개하면 가족과 친구들이 한국에게 관심이 더 생길 것이다.

문제점

수정 후

6 지금 중국에서 쓰레기 분류하는 처리법 없다.

문제점

수정 후

7. 우리 아버지는 제 인생 중에서 가장 중요한 선생님이고 친한 친구 도이다.

> 문제점

> 수정 후

8. 사회에게거나 가족들에게도 좋은 점 많이 줄 수 있다고 생각한다.

> 문제점

> 수정 후

9. 이 자료 보면 요즘 사람들 쇼핑할 시간 없어서 많은 사람들이 온라인 쇼핑 선택했다.

> 문제점

> 수정 후

10. 여러 사회 문제가 중국 시장 환경에게 많이 나쁜 영향을 주고 소비자의 심리에게도
    나쁜 영향을 줬다.

> 문제점

> 수정 후

알쏭달쏭 한국말 ❼

관광지 중에 하나? 관광지 중의 하나?

여럿 중에서 하나임을 나타내는 표현은 '~ 중에 하나'일까 '~ 중의 하나'일까? '하나'는 명사이므로 이를 수식하는 '~ 중'에는 관형격 조사 '의'가 결합한 '~ 중의 하나'가 맞는 표현이다.

예 경복궁은 유명한 관광지 중의 하나이다.

취업을 위해 갖추어야 할 중요한 요건 중의 하나는 인성이다.

※ 조사의 쓰임에 주의하며 문장을 바르게 고치십시오.

1. 학생 보고서 '현대 사회의 문제' 중에서

 마지막으로 인구 해외 이동 문제이다. 지금은 세계적으로 국가 간 교류 활발해져서 이민한 사람도 많아졌다. 개발도상국에게 이런 사람이 많다면 정부가 국가를 발전을 이끌어 가기가 힘들다. 그리고 노동량이 나이가 많은 사람은 집중되면 노동 시장에게 나쁜 영향을 끼칠 수 있다. 사회와 노동 기업들에게 나쁜 영향을 많이 줄 수 있기 때문에 정부 운영이 어려워질 것이다.

수정 후

2. 학생 발표문 '만리장성' 중에서

> 만리장성은 중국인에 제일 자랑스러운 건물이라고 생각합니다. 중국 만리장성은 일단 북방 민족에 침입을 막기 위하여 쌓은 것입니다. 만리장성은 중국 고대 인민이 만든 세계적인 기적 중에 하나다. 중국 고인의 노력과 지혜가 잘 표현되어 있습니다. 만리장성은 중국뿐만 아니라 세계적인 문화 유적입니다. 제 생각에 만리장성은 세계에게 인류에 의미가 제일 큰 건물입니다.

수정 후

8과

조사의 쓰임이 바른가(2)

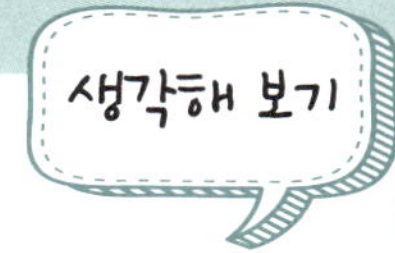

※ 다음 문장이 왜 어색한지 생각해 봅시다.

〈예 1〉

2014 상반년의 스마트폰의 판매량은 10억 정도이다.

〈예 2〉

이 세상에서 나는 가장 좋아하는 사람이 우리 아버지이다.

〈예 3〉

나의 아버지는 46살이고, 재치가 있는 남자 이시다.

1. 각 문장의 어느 부분이 어색한지 찾아봅시다.

2. 왜 어색한지 그 이유를 이야기해 봅시다. 그리고 바르게 바꿔 봅시다.

◆ 무엇이 잘못일까?(1) – '의'의 사용 ◆

1) '에'와 '의'는 의미와 기능이 다른 조사이다. 그러나 '의'는 관형격 조사로 쓰일 때 일반적으로 [에]로 발음되어 부사격 조사 '에'와 구별되지 않는다. 그러므로 그것이 부사격 조사인지 관형격 조사인지 구별해서 써야 한다.
2) 명사에 붙어 관형어를 만드는 조사 '의'가 연속해서 나오는 문장은 자연스럽지 않다. '의'가 중복되어 쓰이지 않도록 다른 표현으로 바꾸어야 한다.

《보기 1》

2014 상반년의 스마트폰의 판매량은 10억 정도이다.

《보기 1》에서는 관형격 조사 '의'가 중복되어 쓰였으므로 둘 중 하나를 없애는 것이 좋다. 명사와 명사로 연결된 구성에서 '의'가 드러나지 않아도 문장이 어색해지지 않으므로 문장을 수정해야 한다.

> **수정 후**
>
> 상반기의 스마트폰 판매량은 10억 달러 정도이다.
> 상반기 스마트폰 판매량은 10억 달러 정도이다.

《보기 2》

자동차의 대기오염 미치는 영향

《보기 2》에서 '자동차'는 '대기오염'을 수식하는 말이 아니므로 관형격 조사 '의'를 쓸 수 없다. '자동차'는 '미치다'의 주어이므로 관형격 조사 '의' 대신 주격 조사 '가'를 써야 하고 '미치다'의 대상인 '대기오염'에는 조사 '에'를 붙여야 한다.

> **수정 후**
>
> 자동차가 대기오염에 미치는 영향

표현 · 상반기

1년을 둘로 나누어 앞과 뒤를 구분하는 말은 '상반기/하반기'이다.
[참고] 1/2/3/4분기

표현 · 화폐 단위

한국: 원(元)
미국: 달러/불($)
중국: 위안(元)
일본: 엔(円)

표현 · 미치다

누가/무엇이 무엇에/누구에게 영향을 미치다
예 아버지가 아들에게 영향을 미친다./한국 문화가 다른 나라에 영향을 미치고 있다.

◆ 무엇이 잘못일까?(2) – '은/는'과 '이/가'의 구별 ◆

'은/는'은 주어 자리에 많이 쓰이기는 하지만 주격 조사가 아니다. '은/는'은 보조사로 글의 화제를 나타낼 때 사용한다. 그리고 두 항목을 비교할 때 또는 대조하거나 강조할 때 사용한다.

> (예) 옛날에 한 소녀가 살았다. 그 소녀는 할머니와 살고 있었다.
>
> 한류에 대해 살펴보겠습니다. '한류'는 한국의 문화가 해외로 전파되어 인기리에 소비되고 있는 현상을 말합니다.
>
> 이 그룹은 다른 아이돌과는 달리 다양한 주제를 가사에 담으려고 노력했다.

'이/가'와 '은/는'은 주어 자리에 많이 쓰이는데, 이들을 잘못 쓰는 경우가 많으므로 주의해야 한다. 특히 안긴문장의 주어에는 '은/는'보다는 '이/가'를 쓰는 것이 자연스럽다.

《보기 1》

> 이 세상에서 나는 가장 좋아하는 사람이 우리 아버지이다.

'은/는'은 문장의 화제를 나타내는 보조사이므로 '은/는'이 붙은 명사는 문장보다 상위에 있게 된다. 《보기 1》에서 서술어는 '우리 아버지이다'이고, 이 서술어의 주어는 '사람'이다. '사람' 앞에 오는 '나는 가장 좋아하는'은 '사람'을 수식하는 안긴문장이므로 '나'에 조사 '이/가'가 결합하는 것이 자연스럽다.

수정 후

> 이 세상에서 내가 가장 좋아하는 사람은 우리 아버지이다.

《보기 2》

> 제 아버지는 부하를 대하는 것은 대단히 친절합니다.

《보기 2》에서 '제 아버지'는 화제이므로 조사 '은/는'이 결합할 수 있다. 그런데 '부하를 대하는 것'에도 조사 '은/는'이 결합하여 문장이 어색하다. '부하를 대하는 것'은 '친절하다'의 주어가 아니고 그러한 상황을 나타내는 표현이므로 이를 부사어로 나타내는 것이 자연스럽다.

> **수정 후**
> 제 아버지는 부하를 대할 때(에) 대단히 친절합니다.

《보기 3》

> 오존층의 파괴는 인간에게 준 폐해에는 피부암, 백내장 등이 있다.

《보기 3》에서 '오존층의 파괴는 인간에게 준'은 '폐해'를 수식하는 안긴문장이다. 안긴문장의 주어 자리에는 '은/는'을 사용하는 것보다 '이/가'를 사용하는 것이 자연스럽다.

다음으로 '오존층의 파괴가 인간에게 폐해를 주었다.'라는 문장은 어색한데 무정 명사인 '오존층의 파괴'가 주어로 쓰였기 때문이다. 이 문장은 '인간'을 주어로 하는 문장으로 바꾸는 것이 자연스럽다. '오존층의 파괴로 인간이 폐해를 입었다.' 정도로 바꿀 수 있다.

> **수정 후**
> 오존층의 파괴가 인간에게 준 폐해에는 피부암, 백내장 등이 있다.
> 오존층의 파괴로 인간이 입은 폐해에는 피부암, 백내장 등이 있다.

◆ 무엇이 잘못일까?(3) – 조사의 띄어쓰기 ◆

한국어에서 조사는 홀로 쓰일 수 없고 앞말에 반드시 붙여 써야 한다. 그런데 조사를 앞말과 띄어 쓰는 경우가 많다. 서술격 조사 '이다', 비교격 조사 '보다', 보조사 등에서 오류가 많이 나타난다. 그러므로 글을 쓸 때 그것이 조사인지 확인해 볼 필요가 있다.

《보기 1》

나의 아버지는 46살이고, 재치가 있는 남자 이시다.

《보기 1》에서 '이시다'는 '이다'에 높임의 어미 '-시-'가 붙은 말이다. 그런데 '이다'는 서술격 조사이므로 앞말과 띄어 쓸 수 없다.

수정 후

우리 아버지는 46살이고, 재치가 있는 남자이시다.

《보기 2》

이 세상에서 아버지 보다 더 엄격한 사람이 없다고 생각했다.

《보기 2》에서 '보다'는 비교를 나타내는 조사이므로 앞말인 '아버지'와 띄어 쓸 수 없다.

수정 후

이 세상에서 아버지보다 더 엄격한 사람이 없다고 생각했다.

• 주의할 조사

이다: 나는 학생이다.

마저: 너마저 나를 배신할 줄이야.

부터/까지: 학교부터 집까지 30분 걸린다.

조차: 그는 친한 친구조차 믿지 않는다.

같이: 부모님과 친구같이 지낸다.

처럼: 너처럼 착한 아이도 없다.

표현 보다

'보다'는 조사로 쓰일 때도 있고 부사로 쓰일 때도 있다. 조사로 쓰일 때는 '비교'의 의미를 나타내고, 부사로 쓰일 때는 '좀 더'의 의미를 나타낸다.

예) 동생이 형보다 키가 크다.(조사)/이번 문제는 보다 신중하게 검토해야 한다.(부사)

조심해야 할 조사

표현 **뿐만 아니라**

문장과 문장 사이에 쓰는 '뿐만 아니라'는 접속 부사가 아니므로 '그뿐만/이뿐만 아니라'로 써야 한다.

⑩ 한류는 문화 수출에 영향을 미쳤다. 그뿐만 아니라 경제에도 영향을 미쳤다.

1. 뿐

1) 조사: 체언 뒤

　⑩ 그 식당은 인테리어가 깔끔하다. 그뿐만 아니라 음식도 맛있기로 유명하다.

　　가정 폭력은 아이뿐만 아니라 가족 전체에 악영향을 끼친다.

2) 의존 명사: 동사나 형용사의 관형사형 뒤

　⑩ 다리를 꼬고 앉는 습관은 척추를 휘게 할 뿐 아니라 혈액 순환에도 문제를 일으킨다.

　　이 신발은 디자인이 예쁠 뿐만 아니라 방수도 된다.

2. 만

1) 조사: 체언 뒤

　⑩ 분명히 좋은 기억도 있었을 것이다. 그런데 나쁜 것만 기억이 난다.

　　화가 났을 때 참기만 한다고 능사가 아니다.

2) 의존 명사

　① 동사나 형용사의 관형사형 뒤

　　⑩ 친구와 방학에 갈 만한 곳을 추천해 주십시오.

　② 기간 명사 뒤

　　⑩ 우리 학교가 16년 만에 우승을 했다.

　　　10년 만에 종로 한복판에서 친구를 만났다.

3. 만큼

1) 조사

　⑩ 자연스러운 미소만큼 아름답고 상대방을 감동시키는 것은 없다.

2) 의존 명사

　⑩ 동물 실험은 동물의 고통과 죽음을 상쇄할 만큼 유용하지는 않다.

※ 다음 예들을 바르게 고쳐 보십시오.

1. 오락 프로그램의 저속화의 현상을 나타난 배경을 살펴보자.

문제점

수정 후

2. 중국은 스마트폰의 시장의 규모가 가장 큰 나라이다.

문제점

수정 후

3. 유교 사상이 중국의 주류 문화가 된 이유는 유교 사상의 기초는 삼강오륜이기 때문이다.

문제점

수정 후

4. 아버지는 사업을 하셨기 때문에 돈 많이 벌고 친구들 도 많았다.

문제점

수정 후

5. 사람을 대상으로 연구하면 연구자는 죽을 때 까지 한 세대 만 연구할 수 있다.

문제점

수정 후

6. 이 친구는 가족 처럼 옆에서 저의 유학 생활을 도와준 친구이다.

문제점

수정 후

7. 이 사진은 중국 상해에 있는 치킨 집 앞에 모습을 찍은 것이다.

문제점

수정 후

8. 사람들은 매일에는 밥 통해 단백질을 충분히 취할 수 있다.

문제점

수정 후

9. 학생들을 체벌을 당하면 대부분 반역하는 생각은 생긴다.

문제점

수정 후

10. 경복궁은 옛날부터 한국 역사 다양한 모습을 담고 있다.

문제점

수정 후

알쏭달쏭 한국말 ❽

헤어숍? 헤어샵?

우리는 길에서 외래어로 표기된 간판을 자주 보게 된다. 머리를 하는 곳은 '헤어샵'이 맞을까? '헤어숍'이 맞을까? 둘 다 사용해도 괜찮을까? 한국어에는 외국에서 들어온 말을 한글로 쓰는 일정한 규칙이 있는데, 이를 '외래어 표기법'이라고 한다. 이 표기법에 따르면 'shop'은 '숍'이라고 표기해야 한다. 따라서 'hair shop'은 '헤어숍'이라고 쓰는 것이 맞다.

⑨ 헤어숍, 커피숍, 워크숍

※ 조사의 쓰임에 주의하여 문장을 바르게 고치십시오.

1. 학생 보고서 '중국 사회의 현 문제' 중에서

　　각 지역의 발전을 적절하지 않다. 오랫동안 중국의 개혁 개방을 시행했기 때문에 중국의 현재 중국이 각 지역의 발전을 적절하지 않다. 동부 지방 먼저 발전한다. 현재까지 중국 각 지역의 발전을 적절하지 않다. 신화일보에 따르면 2011년 중국 광동성의 GDP는 52674억 위안화인 반면 중국 서장이 GDP는 606억 위안화이다. 이처럼 각 지역의 사람들이 빈부 격차가 점점 커졌다. 이것은 제일 큰 문제가 중국발전의 장애가 되었다.

수정 후

2. 학생 보고서 '미국 영어의 특징' 중에서

> 상술한 바를 종합하면, 미국 영어의 형성 미국 사회와 민족 성격이 밀접하게 연관된다. 그 특유한 스타일은 미국 영어에게 끊임없이 영향을 주다. 미국 사람들이 새로움을 추구하고 실험과 창조를 좋아한다. 그러나 영국 사람들이 전통을 준수하고 통일 규범을 중시하다. 이처럼 양국 민족 정신이 다른다. 그래서 언어 운용하는 태도와 그 실현 형태가 차이를 보이다.

수정 후

9과

. . . .

인용 표현이 바르게 쓰였는가

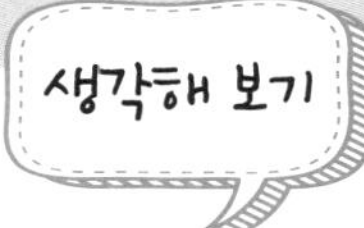

※ 다음 문장이 왜 어색한지 생각해 봅시다.

〈예 1〉

　부모님께서 나한테 일할 때 꼼꼼하게 해야 되라고 항상 말씀하셨다.

〈예 2〉

　『사랑의 상처를 달래는 법』에서 작자는 갈등은 대개 상황을 받아들이려고
하지 않을 때 생깁니다.

〈예 3〉

　이연희(1992) 에 따르면: 60세가 넘은 많은 사람들은 전통적인 부부관계에
근거를 두고 살아왔다.

1. 각 문장의 어느 부분이 어색한지 찾아봅시다.

2. 왜 어색한지 그 이유를 이야기해 봅시다. 그리고 바르게 바꿔 봅시다.

인용 표현

인용이란 남의 말이나 글을 자신의 말이나 글 속에 끌어 쓰는 것을 말한다. 인용 표현은 남의 말이나 글을 그대로 끌어 쓰는 직접 인용과 남의 말이나 글을 간단히 바꾸어 쓰는 간접 인용으로 나눌 수 있다.

직접 인용문은 발화 당시의 문장 그대로 제시하는 데 반해 간접 인용문은 발화된 문장의 의미를 전달하는 데 초점을 둔다. 간접 인용문은 발화된 문장의 유형에 따라 인용 어미가 일정하게 정해진다.

인용 표현에서 인용문 뒤에 붙는 '라고'는 조사이고 '하고'는 '하다'의 활용형이다. 그래서 띄어쓰기가 달라진다.

예 "갈게."라고 말했다.
　　"갈게." 하고 말했다.

문어체에서는 '라고'를 쓰는 것이 자연스럽다.

	직접 인용 표현	간접 인용 표현
평서형	"학교에 가요."라고 했다. "학교에 갑니다."라고 말했다. "학교에 간다."라고 진술했다. "학교에 갈게요."라고 했다.	학교에 간다고 말했다.
의문형	"학교에 가요?"라고 했다. "학교에 갑니까?"라고 말했다. "학교에 갈까?"라고 물었다. "학교에 가세요?"라고 질문했다. "학교에 가지?"라고 되물었다.	학교에 가느냐고 물었다.
명령형	"학교에 가."라고 말했다. "학교에 가라."라고 명령했다. "학교에 가세요."라고 지시했다.	학교에 가라고 명령했다.
청유형	"학교에 가자."라고 말했다. "학교에 갈까?"라고 권했다.	학교에 가자고 권했다.

[원문 자료]

국제교육원(2015), 『한국어 능력 시험의 지원자 현황 분석』, 세계출판사, 52쪽.

　한국어 능력 시험(TOPIK)은 외국인과 해외 동포를 대상으로 매년 2회 시행된다. 한국어 능력 시험의 지원자 수는 1997년 4개국 14개 지역 2,274명에서 2014년 47개국 178개 지역 67,595명으로 17년 사이 30배 가까이 늘어났다. 시행 국가는 4개국에서 47개국으로 약 12배 증가했으며, 시행 지역도 14개 지역에서 178개 지역으로 12배 이상 증가했다.

1) 직접 인용의 예

　국제교육원에 따르면 외국인과 해외 동포를 대상으로 매년 2회 시행하는 한국어 능력 시험의 지원자 수가 "1997년 4개국 14개 지역 2,274명에서 2014년 47개국 178개 지역 67,595명으로 17년 사이 30배 가까이 늘어났다."[1]라고 한다.

1) 국제교육원(2015), 『한국어 능력 시험의 지원자 현황 분석』, 세계출판사, 52쪽.

2) 간접 인용의 예

　국제교육원에 따르면 외국인과 해외 동포를 대상으로 매년 2회 시행하는 한국어 능력 시험의 지원자 수가 17년 동안 30배 가까이 늘어났다고 한다. 1997년에는 4개국 14개 지역에서 2,274명이 시험을 봤는데, 2014년에는 47개국 178개 지역에서 67,595명이 시험을 봤다고 한다.[1]

1) 국제교육원(2015), 『한국어 능력 시험의 지원자 현황 분석』, 세계출판사, 52쪽.

《보기 1》

> 부모님께서 나한테 일할 때 꼼꼼하게 해야 되라고 항상 말씀하셨다.

부모님이 화자(나)에게 하신 말씀은 "일할 때 꼼꼼하게 해라." 또는 "일할 때 꼼꼼하게 해야 된단다." 정도일 것이다. 이러한 문장을 바르게 간접 인용 표현으로 바꾸면 다음과 같다.

수정 후

부모님께서 나에게 일할 때 꼼꼼하게 하라고 항상 말씀하셨다.
부모님께서 나에게 일할 때 꼼꼼하게 해야 된다고 항상 말씀하셨다.

《보기 2》

표현 **책명과 작품명**
책명: 『 』, 《 》, " "
　예 『문화의 이해』
작품명: 「 」, 〈 〉, ' '
　예 「한국 문화의 발전 방향에 대하여」

> 『사랑의 상처를 달래는 법』에서 작자는 갈등은 대개 상황을 받아들이려고 하지 않을 때 생깁니다.

《보기 2》에서 작자의 말은 '갈등은 대개 상황을 받아들이려고 하지 않을 때 생깁니다.'이다. 이 문장을 인용하는 표현이 제시되어야 한다. 직접 인용으로 나타내거나 간접 인용으로 나타내야 한다.

수정 후

『사랑의 상처를 달래는 법』에서 작자는 "갈등은 대개 상황을 받아들이려고 하지 않을 때 생깁니다."라고 하였다.
『사랑의 상처를 달래는 법』에서 작자는 갈등은 대개 상황을 받아들이려고 하지 않을 때 생긴다고 하였다.

《보기 3》

> 이연희(1992) 에 따르면: 60세가 넘은 많은 사람들은 전통적인 부부
> 관계에 근거를 두고 살아왔다.

이연희(1992)에서 제시한 내용은 '60세가 넘은 많은 사람들은 전통적인 부부관계에 근거를 두고 살아왔다.'이다. 이 문장은 인용하는 표현으로 제시되어야 한다.

수정 후

이연희(1992)에 따르면 60세가 넘은 많은 사람들은 전통적인 부부
관계에 근거를 두고 살아왔다고 한다.

자주 쓰이는 인용 표현

1. ～에 따르면 ～다고/라고 하다

(예) 『한국의 조기 교육』에 따르면 "조기 교육은 학교에 들어갈 나이에 도달하지 않은 아동에게 일정한 교육 과정에 따라 실시하는 교육"이라고 한다./『한국의 조기 교육』에 따르면 조기 교육은 학교에 들어갈 나이에 도달하지 않은 아동에게 일정한 교육 과정에 따라 실시하는 교육이라고 한다.

기후 관측 결과에 따르면 "2100년까지 지구 평균 기온은 섭씨 2도에서 4.5도 상승할 것이다."라고 한다./기후 관측 결과에 따르면 2100년까지 지구 평균 기온은 섭씨 2도에서 4.5도 상승할 것이라고 한다.

2. ～에는 ～다고/라고 제시되다

(예) 『한국의 조기 교육』에는 조기 교육은 "학교에 들어갈 나이에 도달하지 않은 아동에게 일정한 교육 과정에 따라 실시하는 교육"이라고 제시되어 있다.

3. ～에서는 ～다고/라고 제시하다

(예) 『한국의 조기 교육』에서는 조기 교육은 "학교에 들어갈 나이에 도달하지 않은 아동에게 일정한 교육 과정에 따라 실시하는 교육"이라고 제시하고 있다.

4. ～다고/라고 알려지다

(예) 동물 실험이 생리학 등의 분야에서 본격적으로 활용된 것은 19세기 이후라고 알려져 있다.

한국에서는 집들이에 휴지를 선물하면 일이 잘 풀린다고 알려져 있다.

5. ～다고/라고 생각하다

(예) 한류는 일시적이 아니라 지속적으로 세계 문화와 경제에 영향을 미쳤다고 생각한다.

글로벌 리더가 되려면 무엇보다도 자기 문화를 정확히 아는 것이 중요하다고 생각한다.

※ 다음 예들을 바르게 고쳐 보십시오.

1. 아버지는 자주 이거 저거를 하지 마라고 했다.

문제점

수정 후

2. 요즘 사람들은 스타 마케팅 전략은 뭐엇이냐고 물어보는 상황이 별로 없다.

문제점

수정 후

3. 중국 교육부 해외 유학 데이터 자료에 따르면 중국 유학인의 수는 2009년 22.93만 명이었으나 2013년에는 41.39만 명으로 꾸준히 증가하는 것은 나타났다.

문제점

수정 후

4. 교육부에 자료에 따르면 미국의 공립 대학교 학비가 2~4만 달러, 사립 대학교 학비가 4~6만 달러를 밝혔습니다.

문제점

수정 후

5. 18일 관영 신화(新华) 통신에 따르면 중국 정부는 『17일 "2013년 사회 서비스 발전 통계공보"를 발간했다. 공보에 따르면 지난 2013년 말 현재 중국의 60세 이상 노령 인구는 2억 243만 명을 기록했다』.

문제점

수정 후

6. 간접 광고(Indirect Action Advertising)를 "소비자를 직접 구매 행동에 옮기게 하는 것이 아니라 간접적으로 효과를 얻으려 하는 광고로서 기업 광고 등의 직접 광고에 대응하는 말"로 정의하고 있다.(박서진, 광고란 무엇인가, 영재출판사, 2011, p. 12.)

문제점

수정 후

7. 2014년 10월에 외환 보유고가 4만억 달러입니다.[1]

   1) 华富基金 : 四万亿投资 , 是否力挽狂澜? 2014-12-29-11:37:36

> 문제점

> 수정 후

8. 온라인 쇼핑이란 2006년 4월 7일에서 경영 연구소 발표했던 자료 미래와 경영에 따르면
   인터넷이나 PC 통신 등 컴퓨터 통신을 이용하여 상품을 검색하고 주문하는 것을 말한다.

> 문제점

> 수정 후

9. 커피숍은 만남의 공간이자 상업 공간이고 엔터테인먼트 공간이며 학습 공간이다.《커피
   와 문화, 그리고 산업》김주영 청솔출판사 2013년 3월).

> 문제점

> 수정 후

10. 2012년 '한국 아시아 문화산업교류재단'에 대한 고찰해 보겠다. '한류 경제 문화 효과
    분석' 정확한 수치를 밝혔는데 한국 국내 경제 효율에 56억 미국 달러 이상만큼을 넘
    어섰다.

> 문제점

> 수정 후

알쏭달쏭 한국말 ⑨

민소영 씨?/소영 씨?

한국어에서는 일반적으로 상대방을 부를 때 '김 부장님, ○○○ 선생님' 등과 같이 성이나 이름 뒤에 직함을 붙인다. 그리고 '○○○ 씨'와 같이 성과 이름 뒤에 '씨'를 연결하여 부르거나 '○○ 씨'와 같이 이름 뒤에 '씨'를 연결하여 부르는 경우를 종종 볼 수 있다. 그런데 '씨'를 성과 이름 뒤에 연결할 때(예 민소영 씨)와 이름 뒤에 연결할 때(예 소영 씨) 어감(語感)의 차이가 있으므로 주의해야 한다. 서로 친밀감이 낮거나 공식적인 상황에서 상대방이 일정한 직함이 없을 때는 성과 이름 뒤에 '씨'를 붙이는 반면 화자와 청자가 어느 정도 가까워졌을 때는 이름 뒤에 '씨'를 붙이는 경향이 있다. 덧붙여 '씨'는 아랫사람이 윗사람에게는 절대 쓰지 않으므로 주의해야 한다.

※ 인용 형식에 주의하며 글을 바르게 고쳐 쓰십시오.

1. 학생 글 '나의 성공' 중에서

　　고등학생 때 난 공부 싫으니까 성적이 정말로 그다지 좋지 않다.근데 고3부터 공부의 중요성을 이해했다. 그래서 그때부터 나는 열심히 공부하는 것을 알기 시작한 것이다.좋은 대학교 가기 위하여 1년 동안 열심히 공부했다.고3의 마지막 시험이 나는 마침 반에서 2등 되었다.이것은 이제까지 난 제일 성공한 일이다.

수정 후

2. 학생 발표문 '농약의 폐해' 중에서

　　이상의 표에 통해서 최근 10년 동안 농약 사고 때문에 죽은 사람은 점점 많아지고 있습니다. 그리고 비농업인의 사망률을 농업인보다 많습니다. 왜냐하면 농약과 비료의 다량으로 사용하고 있어서 농작물의 품질을 점점 낮아지고 있습니다. 과일이나 야채의 품질을 미리 검사하지 않고 먹거나 마시거나 하면 건강을 해칠 수 있습니다.

수정 후

10과

시제가 바르게 쓰였는가

※ 다음 문장이 왜 어색한지 생각해 봅시다.

〈예 1〉

    우리 모두가 이 문제를 인식해야 되다.

〈예 2〉

    나는 일단 결의를 굳히면 꼭 열심히 할 것이다.

〈예 3〉

    나는 한국에 오기 전에 집안일을 하나도 할 수 없다.

1. 각 문장의 어느 부분이 어색한지 찾아봅시다.

2. 왜 어색한지 그 이유를 이야기해 봅시다. 그리고 바르게 바꿔 봅시다.

시제

　한국어의 시제는 일반적으로 과거, 현재, 미래로 나뉜다. 한국어에서 '과거'는 선어말 어미로 실현되며, '현재'는 종결 어미로 실현되고, '미래'는 선어말 어미나 '-ㄹ 것이다'라는 표현으로 실현된다.

1) 과거

　'과거' 시제를 나타내는 선어말 어미는 '-았/었-'이다. '과거' 시제 선어말 어미가 동사에 결합했을 때에는 동작이 과거에 일어났음을 나타내거나 동작이 끝났음을 나타내며, 형용사에 결합했을 때에는 과거에 그런 상태였음을 나타낸다.

동사		형용사	
가다	먹다	크다	좋다
갔다	먹었다	컸다	좋았다
학교에 갔다.	밥을 먹었다.	눈이 컸다.	눈이 좋았다.

　⟮예⟯ 형은 어릴 때부터 공부를 열심히 했다.
　　그때 나는 힘들었지만 조금도 쉬지 않았다. 준비를 많이 했는데 시험에 떨어졌다.
　　아버지의 따뜻한 마음을 알 수 있었던 일이 일어났다.

2) 현재

　'현재' 시제를 나타내는 종결 어미는 '-ㄴ다/는다', '-다'이다. '현재' 시제 어미가 동사에 붙었을 때에는 동작이 지금 일어나고 있음을 나타내거나 현재 사실을 나타낸다. 그리고 형용사에 붙었을 때에는 현재 그러한 상태임을 나타낸다.

• '체언+이다'의 시제 표현
[과거] 학생이었다.
[현재] 학생이다.
[미래] 학생이겠다.
　　　　학생일 것이다.

동사		형용사	
가다	먹다	크다	좋다
간다	먹는다	크다	좋다
학교에 간다.	밥을 먹는다.	눈이 크다.	눈이 좋다.

(예) 사람은 누구나 살다 보면 좌절을 겪는다.

노력한다고 해서 꼭 성공하는 것은 아니다.

시험에 떨어졌지만 난 포기하지 않는다. 계속 열심히 공부하고 있다.

3) 미래

'미래' 시제를 나타내는 선어말 어미는 '-겠-'이다. 그리고 '미래' 시제는 '-(으)ㄹ 것이다'라는 표현으로도 나타난다. 이러한 어미와 표현은 아직 일어나지 않은 상황에 대한 추측이나 의지의 의미를 나타낸다.

동사		형용사	
가다	먹다	크다	좋다
가겠다 갈 것이다	먹겠다 먹을 것이다	크겠다 클 것이다	좋겠다 좋을 것이다
학교에 가겠다. 학교에 갈 것이다.	밥을 먹겠다. 밥을 먹을 것이다.	눈이 크겠다. 눈이 클 것이다.	눈이 좋겠다. 눈이 좋을 것이다.

(예) 한국에서 공부하는 것이 쉽지 않겠지만 나중에 후회하지 않도록 열심히 공부할 것이다.

어떤 일이든 포기하지 않아야 꼭 꿈을 이룰 수 있을 것이다.

이번 겨울 방학에 가족들과 하얼빈에 가서 스키를 탈 것이다.

시제가 잘못된 문장의 예는 여러 가지인데, 문장의 시제 표현이 전혀 나타나지 않는 경우도 있고 기술하고 있는 사건이나 상태의 시제와 사용된 시제 어미가 맞지 않는 경우도 있다. 그리고 시제 어미의 활용 형태가 잘못된 경우도 있다.

《보기 1》

> 우리 모두가 이 문제를 인식해야 되다.

《보기 1》은 현재의 일을 기술하는 문장이므로 현재 시제 어미가 쓰여야 한다. '되다'는 동사이므로 동사의 현재 시제를 나타내는 어미 '-ㄴ다'가 쓰여야 한다.

> **수정 후**
>
> 우리 모두가 이 문제를 인식해야 된다.

《보기 2》

> 나는 일단 결의를 굳히면 꼭 열심히 할 것이다.

《보기 2》는 자신의 성격을 기술하는 문장이다. 이 성격은 현재의 성격이므로 '미래'를 나타내는 표현인 '-ㄹ 것이다'를 쓸 수 없다. '하다'라는 동사의 현재 시제를 나타내는 어미 '-ㄴ다'를 써야 한다. 참고로 '결의를 굳히다'보다는 '결심을 하다'라는 표현이 더 자연스럽다.

> **수정 후**
>
> 나는 일단 결심을 하면 꼭 열심히 한다.

표현 -어야 하다/되다

-어야 하다: 앞말이 뜻하는 행동을 하거나 앞말이 뜻하는 상태가 되는 것이 필요함을 나타냄.

-어야 되다: 어떤 일이 이루어져야 함을 나타냄.

예 (우리가) 자연을 보호해야 한다./자연을 보호해야 된다.

> 나는 한국에 오기 전에 집안일을 하나도 할 수 없다.

《보기 3》에서 '한국에 오기 전에'는 과거 상황을 나타낸다. 그러므로 과거 시제 선어말 어미인 '-았/었-'이 사용되어야 한다. 그리고 이 상황은 능력의 부족을 나타내므로 '할 수 없었다'보다는 '하지 못했다'로 표현하는 것이 자연스럽다.

수정 후

나는 한국에 오기 전에 집안일을 하나도 할 수 없었다.
나는 한국에 오기 전에 집안일을 하나도 하지 못했다.

《보기 4》

> 어렸을 때 아버지가 너무 바빠서 만나기가 어렵다.

《보기 4》는 자신의 어린 시절을 나타내는 문장인데 현재 시제를 사용하고 있어서 어색하다. '어렵다'의 어간에 과거 시제 선어말 어미 '-았/었-'이 사용되어야 한다. 그리고 이 문장에서 '어렸을 때'의 주어는 '나'이고, '바쁘다'의 주어는 '아버지'이고 '만나기가 어렵다'의 주어는 '나'이다. 각 문장의 주어가 다르므로 문장을 나누는 것이 좋다.

수정 후

(내가) 어렸을 때 아버지가 너무 바빴다(바쁘셨다). 그래서 아버지를 만나기가 어려웠다.

• **부정의 '못하다'**
　부정 표현 '못하다'의 쓰임은 5과 [참고] '부정문의 유형'을 참고하기 바람.(p. 63.)

선어말 어미 '-더-'

선어말 어미 '-더'는 과거에 경험한 일을 회상할 때 쓰인다. 다시 말해서 화자가 다른 주체의 행위나 상태를 직접 목격한 후에 그것을 회상하며 상대방에게 이야기해 줄 때 '-더-'를 사용한다.

> 예 광화문에 사람이 많이 모여 있더라.
>
> 요새 대학 축제에서는 유명 가수의 콘서트를 한다고 하더군요.
>
> 비가 많이 오던데 야구 경기가 진행될까?
>
> 어제 게임하느라 늦게 자더니 결국 오늘 늦게 일어났구나.

다만 '-더-'는 주어가 화자 자신일 때는 평서문에서 쓰이지 못하므로 주의해야 한다.

> 예 내가 어제 동아리 모임에 가더라.(×)
>
> 친구가 어제 동아리 모임에 가더라.(○)

선어말 어미 '-더-'는 관형사형에서도 사용할 수 있다.

> 예 열심히 공부하던 친구가 대학에서 떨어졌다.
>
> 고등학교 때 친구들과 함께 먹던 음식들이다.
>
> 이사할 때 옛날에 쓰던 가구와 그릇을 다 버리고 가기로 했다.

평서문에서 '-더-'가 주어가 화자 자신일 때 쓰이지 못했던 것과 달리 관형사형에 쓰일 때는 주어가 화자 자신일 때도 쓰일 수 있다.

> 예 내가 입던 옷은 모두 언니에게 물려받은 것이다.(○)
>
> 나는 언니가 입던 옷을 물려받았다.(○)

※ 다음 예들을 바르게 고쳐 보십시오.

1. 저는 어렸을 때 아버지와 사이가 별로 안 좋다.

문제점

수정 후

2. 작년 3분기까지 스마트폰의 판매량은 전화 판매량의 90%를 차지한다.

문제점

수정 후

3. 중학생 때 나는 다른 도시에서 학교에 다니기 때문에 일주마다 집에 갔다.

문제점

수정 후

4. 10살 때 요리를 배웠는데 처음에는 자주 실수를 해서 저에게 큰 충격을 받는다.

문제점

수정 후

5. 해결 방안: 연금보험의 제도를 완벽하게 하다.

문제점

수정 후

6. 2008년 국제 금융 위기는 중국의 대외 무역에 나쁜 영향을 받다.

문제점

수정 후

7. 지금은 우리 생활에서 광고가 어디든지 다 볼 수 있었다.

문제점

수정 후

8. 아버지는 평범한 가정에서 태어났으나 평범한 생활에 굴복하지 않다.

문제점

수정 후

9. 여행 가기 전에 지도와 여권을 챙겨야 가겠다.

문제점

수정 후

10. 하와이의 날씨를 보고 적합한 옷을 가져가게겠다. 비행기 표를 미리 예약해야 하다. 제일 중요한 일이 충분한 돈이 준비하는 것이다.

문제점

수정 후

주문하신 커피 나오셨습니다?

한국어에서는 주어를 높여야 할 때 "선생님, 오셨어요?"와 같이 서술어에 '-(으)시-'를 붙여 표시한다. 그런데 이 '-(으)시-'를 지나치게 사용해서 문제가 되는 경우가 있다. 일례로 우리는 카페에 가면 "주문하신 커피 나오셨습니다."라는 말을 종종 들을 수 있다. 그런데 이 문장에서 '주문하다'의 주어는 손님이므로 높여야 할 대상이지만, '나오다'의 주어는 '커피'이므로 높여야 할 대상이 아니다. 그러므로 이 문장은 "주문하신 커피 나왔습니다."로 써야 한다.

※ 시제를 고려하여 문장을 바르게 고쳐 보십시오.

1. 학생 보고서 '가정교육의 중요성' 중에서

> 할아버지와 할머니는 아이의 모든 것에서 관심이 많다. 항상 아이가 제일 중요하다고 생각하다. 아이가 잘 놀이하고 잘 먹어야다고 생각한다. 문제가 생겨도 항상 비호하고 그냥 잔소리 정도만 한다. 아이의 성격이 나약해지고 제멋대로 행동하게 되다. 아이는 어려운 문제나 좌절을 무서워하는 성격이 되다. 이런 아이의 교육이 더 어렵다. 이런 아이는 권고하는 말도 들 수 없다. 예의도 없고 주의도 산만한다.

수정 후

2. 학생 글 '아버지' 중에서

> 나는 생각하는 아버지는 따뜻한 마음을 가진 사람이다. 아버지의 따뜻한 마음을 알 수 있었던 일이 있었다. 나는 고등학교에 다닐 때 있었던 일이다. 나는 학교가 끝나고 집에 가는 길이다. 나는 길을 건너고 있는데 택시가 나를 보지 못해서 교통사고가 났다. 아버지가 다친 나를 계속해서 돌보아주고 많이 걱정했다. 나는 아버지의 따뜻한 마음을 알게 된다. 나를 많이 사랑하고 있다는 것을 느낀다.

수정 후

11과

표현이 바르게 쓰였는가

※ 다음 문장이 왜 어색한지 생각해 봅시다.

〈예 1〉

　성공이 된 전에 좌절을 경험해야 한다.

〈예 2〉

　그날 집에 안 갔다. 그러나 그날 부모님은 얼마나 걱정한 지 모르겠다.

〈예 3〉

　중국과 미국의 무역 실조가 다각적인 요소를 만들다.

〈예 4〉

　바이러스란 무엇인가 설명하겠다. 누가 바이러스 만드는가 알려 드리겠다.

1. 각 문장의 어느 부분이 어색한지 찾아봅시다.

2. 왜 어색한지 그 이유를 이야기해 봅시다. 그리고 바르게 바꿔 봅시다.

◆ 무엇이 잘못일까? ◆

《보기 1》

> 성공이 된 전에 좌절을 경험해야 한다.

《보기 1》에서는 '성공이 된 전에'라는 표현이 자연스럽지 않다. '전에'라는 표현은 일반적으로 '-기 전에'라는 표현으로 쓰인다. 그리고 이 문장의 전체 주어는 사람인데 '-기 전에'의 주어는 '성공'이 되어서 자연스럽지 않다.

수정 후

(사람은) 성공하기 전에 좌절을 경험해야 한다.

《보기 2》

> 그날 집에 안 갔다. 그러나 그날 부모님은 얼마나 걱정한 지 모르겠다.

《보기 2》에서 어색한 부분은 '걱정한 지'이다. '-ㄴ 지'와 '-는지'는 의미가 다른 어미이므로 구분해 써야 한다. '-ㄴ 지'는 "그를 본 지 10년이 지났다."와 같이 그를 본 사건이 10년이 지난 지금까지 계속되었음을 나타낸다. 반면에 '-ㄴ지/는지'는 "비가 오는지 모르겠다."와 같이 막연한 의문이 있는 채로 뒤에 오는 사실이나 판단과 관련시키는 데 쓰는 연결 어미이다. 이 문장에서는 '-ㄴ지/는지'를 쓰는 것이 자연스럽다.

수정 후

(나는) 그날 집에 안 갔다. 그러나 그날 부모님이 얼마나 걱정하셨는지 나는 몰랐다.

표현 얼마나

'얼마나'가 '-ㄴ지/는지 모르다'와 함께 쓰일 때 '매우 그러하다'의 의미를 나타낸다.

⑩ 얼마나 예쁜지 모르겠다./얼마나 힘들었는지 모른다.

중국과 미국의 무역 실조가 여러 경제 문제를 만들다.

우선《보기 3》의 서술어 '만들다'는 동사인데 종결 어미가 결합하지 않아서 어색하다. 현재 시제라면 '-ㄴ다', 과거 시제라면 '-었-'이 필요하다.

다음으로《보기 3》은 '중국과 미국의 무역 실조'가 주어로 쓰여서 자연스럽지 않다. '중국과 미국의 무역 실조'를 이유로 제시하는 것이 자연스럽다.

수정 후

중국과 미국의 무역 실조로 인해 여러 경제 문제가 만들어진다 / 생긴다.
중국과 미국의 무역 실조로 인해 여러 경제 문제가 만들어졌다 / 생겼다.

표현 **-아/어지다**

남의 힘에 의하여 앞말이 뜻하는 행동을 하게 됨이나 앞말이 뜻하는 상태로 됨을 나타낸다.
예 드라마 덕분에 관광객이 많아졌다./긴장하면 손발이 차가워진다.

《보기 4》

바이러스란 무엇인가 설명하겠다. 누가 바이러스 만드는가 알려 드리겠다.

《보기 4》는 보고서에 제시할 내용을 미리 소개하는 문장이다. 미래의 일이므로 미래 시제 선어말 어미 '-겠-'을 사용했다. 그러나 보고서에서 미리 내용을 소개할 때는 '-겠-'보다는 '-고자 한다'라는 표현을 쓰는 것이 자연스럽다.

수정 후

바이러스란 무엇인가 설명하고자 한다. 누가 바이러스를 만들었는가도 알려 드리고자 한다.

자주 틀리는 표현

1. 왜냐하면 ~기 때문이다.

예) 좋은 인간관계를 형성하는 데 첫인상이 중요하다. 왜냐하면 첫인상은 쉽게 바뀌지 않고 계속 지속된다.

→ 첫인상은 좋은 인간관계를 형성하는 데 중요하다. 왜냐하면 첫인상은 쉽게 바뀌지 않고 계속 지속되기 때문이다.

2. ~ 중에서

예) 기분이 아주 좋았고 인생 중에서 첫 번째 큰일을 완성했다고 느꼈다.

→ 기분이 아주 좋았고 인생에서 첫 번째 큰일을 완성했다고 느꼈다.

3. 견지하다

예) 어렸을 때 피아노와 기타를 3개월 배웠다. 그때 견지하지 않았지만 내가 하고 싶은 일을 해서 지금까지 후회하지 않는다.

→ 어렸을 때 피아노와 기타를 3개월 배웠다. 그때 열심히 하지 않았지만 내가 하고 싶은 일을 해서 지금까지 후회하지 않는다.

[참고] 그 국회의원은 지금까지 강경한 입장을 견지하고 있다.

4. 이제

예) 그때는 내가 아버지를 싫어했다. 하지만 이제까지 내가 아버지의 마음을 이해할 수 있다.

→ 그때는 내가 아버지를 싫어했다. 하지만 이제(는)/지금은 내가 아버지의 마음을 이해할 수 있다.

[참고] 이제부터 경기를 시작하겠습니다./이제 좀 그만 자자.

5. 느낌

예) 친구들과 다르다는 느낌이 있고 가족이나 사랑하는 사람들의 반응에 대해서도 걱정한다.

→ 친구들과 다르다고 느끼고 가족이나 사랑하는 사람들의 반응에 대해서도 걱정한다.

※ 다음 예들을 바르게 고쳐 보십시오.

1. 우리 비행기 타로 갈 겠다.

문제점

수정 후

2. 요즘에는 중국에 사고 있는 외국사람들이도 많게 있다.

문제점

수정 후

3. 한국 사람들이 모자를 쓰게 좋아한다.

문제점

수정 후

4. 나는 한국에 와가 전에 아버지와 같이 이야기를 해본 적이 있다.

문제점

수정 후

5. 저는 초등학교 1학년 때 집 앞에 넘어졌다. 그때 제 오른손의 뼈가 부러질 줄 모르겠어
   서 방바닥에 엎드려 울만 했다.

문제점

수정 후

6. 한류가 경제에 대해 미치는 영향 효율이 두 개지입니다.

문제점

수정 후

7. 중국 산업화발전에 따라서 중국의 자연자원이 점점 부족해졌다.

문제점

수정 후

8. 이 성공과 좌절의 일을 많은 경험과 교훈을 받았다.

문제점

수정 후

9. 먼저 제가 한국에 오기 위해서 여러 가지 재료를 준비했다.

문제점

수정 후

10. 미국의 경제가 악화될수록 중국의 경제도 나빠졌다. 왜냐하면 미국은 중국이 주요 수
    출국이다.

문제점

수정 후

알쏭달쏭 한국말 11

사회생활 중에서 중요한 것?

'중에서'는 "아래 예문 중에서 잘못된 것을 고르십시오."와 같이 여러 가지 항목이
존재하고 그 항목들 가운데 어떤 것을 선택할 때 사용한다. "사회생활 중에서"와 같은
표현을 쓰지 않는 이유는 사회생활은 여러 개가 존재하지 않기 때문이다. 다만 "사회
생활 중 만난 사람"과 같은 표현은 가능한데 이때의 '중'은 '도중(途中)'과 같은 의미,
즉 어떤 일이 끝나지 않고 진행되고 있는 때의 의미를 나타낸다.

예 사회생활에서 중요한 것은 대인관계이다.

사회생활 중 만난 사람

※ 표현이 바른지 검토해 보고 문장을 바르게 고쳐 쓰십시오.

1. 학생 보고서 '미국 금융 위기가 중국에 끼친 영향' 중에서

　2008년 미국에서 금융 위기 때문에 세계 여러 나라에게 큰 영향을 줬다. 특별한 선진국의 국가 경제에게 엄중한 결과를 초래하였다. 2008년 국제 금융 위기를 때문에 대부분 선진국은 경제가 침체한다. 그 때문에 중국의 대외 무역은 나쁜 영향을 받다. 왜냐하면 중국 경제에서 수출이 많은 비중을 차지한다. 그래서 금융 위기 이후 중국 경제의 상승이 하락했다.

수정 후

2. 학생 보고서 '미국의 경제 성장' 중에서

> 미국에 따라 경제, 정치, 군사 등 각 방면에서 고속의 발전한다. 그래서 미국이 세계 강국으로 된다. 두 번 세계대전에서 폭발하고 나서 미국이 세계 중에서 중요한 위치를 결정한다. 그 후에 미국은 영어 여러 나라에 수출한다. 언어의 수출은 문화 수출로 이어진다. 그 영향력은 세계의 모든 곳에 미치게 되다.

수정 후

12과

띄어쓰기가 바른가

※ 다음 문장이 왜 어색한지 생각해 봅시다.

〈예 1〉

　　이보고서에서는 부모관계의 중요성, 부모자녀의 의사소통을 설명하고자
한다.

〈예 2〉

　　나는 중고등학교 다닐때에 여러가지 스트레스를 많이 받았다.

〈예 3〉

　　날씨를 알아본후에 인터넷으로 호텔을 예약하고 비행기표를 예매할거다.

1. 각 문장의 어느 부분이 어색한지 찾아봅시다.

2. 왜 어색한지 그 이유를 이야기해 봅시다. 그리고 바르게 바꿔 봅시다.

띄어쓰기

띄어쓰기의 기본 원칙은 단어별로 띄어 쓴다는 것이다. 단어별로 띄어 쓴다는 것은 한 단어이면 붙여 쓰고 한 단어가 아니면 띄어 쓴다는 것이다. 단어인지 아닌지의 판단 기준은 사전이다. 사전에 그 단어가 있는지 확인해 보고 사전에 없다면 그것은 띄어 쓴다고 생각하면 된다. 가령 사전에 '연구'라는 말도 있고 '목적'이라는 말도 있다. 그러나 '연구목적'라는 말은 없다. 그러므로 '연구목적'은 '연구∨목적'과 같이 띄어 써야 한다.

> (예) 검토∨사항, 참고∨문헌, 기말∨과제, 보고서∨주제, 시험∨범위
> 이∨사람, 이∨학교, 이∨보고서 [비교] 이때, 이분, 이곳
> 전∨세계, 전∨국민 [비교] 전국, 전체

그러나 사전에 올라 있는 말 중에서 단어가 아닌 것이 있으므로 주의해야 한다. 사전에 올라 있는 '조사, 어미, 접사'는 항상 앞이나 뒤에 오는 말과 붙여 쓴다.

> (예) 조사: 주말에 영화를 보기로 했다.
> 어미: 도서관에서 영화를 본(보-+-ㄴ) 후에 식당에 가자(가-+-자).
> 접두사: 덧버선, 친부모, 양담배, 군말
> 접미사: 가위질, 학생용, 웃음, 녹음기, 나라별

참고로 '것, 수, 만, 줄' 등은 홀로 쓰일 수 없고 항상 관형어와 함께 쓰인다. 이들을 '의존 명사'라고 하는데, 이들은 단어여서 앞말과 띄어 써야 하므로 붙여 쓰지 않도록 주의해야 한다.

> (예) 것: 한국에서 혼자 생활하기 힘들 것이라고 생각했다.
> 수: 대기오염이 환경과 경제에 미치는 영향으로 나눌 수 있다.
> 만: 아르바이트는 힘들었지만 경험해 볼 만은 했다.
> 줄: 이렇게 갑자기 비가 올 줄은 몰랐다.

◆ 무엇이 잘못일까? ◆

《보기 1》

　　이보고서에서는 부모자녀관계의 중요성, 부모자녀의 의사소통을 설
명하고자 한다.

　　《보기 1》에서 문제가 될 만한 띄어쓰기는 '이보고서, 부모자녀관계,
부모자녀'이다. 이들은 사전에 올라 있지 않은 표현이다. 즉 이들은 한
단어가 아니므로 붙여 쓸 수 없다. 따라서 '이∨보고서, 부모∨자녀∨관
계, 부모∨자녀'와 같이 띄어 써야 한다.
　　그리고 '부모 자녀'란 '부모와 자녀'로 바꾸는 것이 자연스럽다.

> **수정 후**
>
> 　이 보고서에서는 부모와 자녀 관계의 중요성, 부모와 자녀의 의사소
> 통을 설명하고자 한다.

《보기 2》

　　나는 중고등학교 다닐때에 여러가지 스트레스를 많이 받았다.

표현 가지

'가지'는 의존 명사이
므로 앞말과 띄어 쓴
다.
예 두 가지 방법이 있
다./몇 가지 예를 들
어 설명해 보시오.

　　《보기 2》에서 문제가 될 만한 띄어쓰기는 '중고등학교', '다닐때', '여
러가지'이다. 이들은 사전에 올라 있지 않은 표현이다. '중고등학교'는
'중학교'와 '고등학교'가 합쳐진 말이므로 '중·고등학교'로 써야 한다.
'다닐때'에서 '때'는 명사이므로 '다닐∨때'와 같이 띄어 써야 한다. 마
지막으로 '여러가지'에서 '여러'는 관형사이고 '가지'는 의존 명사이므
로 '여러∨가지'와 같이 띄어 써야 한다.

> **수정 후**
>
> 나는 중·고등학교에 다닐 때에 여러 가지 스트레스를 많이 받았다.

《보기 3》

> 날씨를 알아본후에 인터넷으로 호텔을 예약하고 비행기표를 예매할 거다.

《보기 3》에서 문제가 될 만한 띄어쓰기는 '파악한후, 비행기표, 예매할거다'이다. 이들은 모두 사전에 없는 표현이다.

첫 번째 '알아본후'는 '알아본'과 '후'로 나눌 수 있으므로 '알아본∨후'와 같이 띄어 써야 한다.

두 번째 '비행기표'도 '비행기'와 '표'로 나눌 수 있으므로 '비행기∨표'와 같이 띄어 써야 한다.

마지막으로 '예매할거다'는 '예매할'과 '거다'로 나눌 수 있다. '거다'의 '거'는 '것'을 줄여 쓴 표현이다. '것'은 의존 명사이므로 '예매할∨거다'와 같이 띄어 써야 한다. 문어체에서는 의존 명사로 '거'보다는 '것'을 쓰는 것이 자연스럽다.

> **수정 후**
>
> 날씨를 알아본 후에 인터넷으로 호텔을 예약하고 비행기 표를 예매할 것이다.

표현 ~표

운송 수단을 타기 위해 사는 표를 나타내는 단어는 경우에 따라 띄어쓰기가 다르다.

예 비행기∨표
기차표/버스표/배표/차표

※ 다음 예들을 바르게 고쳐 보십시오.

1. 요즘 가슴이 답답해서 여행을 가고 싶다.그래서 여행계획서를 작성했 다.

[문제점]

[수정 후]

2. 돈,화장품,교통카드,코트,우산과 내가 제일 좋아 하는 카메라등을 준비한다.

[문제점]

[수정 후]

3. 그런후에 여행에 필요한 물건을 준비해야한다.

[문제점]

[수정 후]

4. 그 것은 단편영화 광고와 전통광고의 큰 차이 이다.

[문제점]

[수정 후]

5. APEC은 경제 합작을 주요방향으로 하고 해야할 일과 하지말아야 할 일을 구분해야
   한다.

[문제점]

[수정 후]

6. 환경 과 자연이 중국 경제에서 중요한요소가 되었다.

[문제점]

[수정 후]

7. 매년참가 중국어 능력 시험 인원 은 88000명이 며, 이중5만 5000명이 한국 수험생
   이다.

문제점

수정 후

8. 다른나라 진행하는 제도중에서 좋은 점을 배워야된다.

문제점

수정 후

9. 텔레비전을 보거나 컴퓨터를 했을때 광고를 다 볼수 있을것이다.

문제점

수정 후

10. 한국과 중국간의 무역은 1992년 정식으로 외교관계를 수립한 이후 확대되기 시작
    하였다.

문제점

수정 후

알쏭달쏭 한국말 12

나 자신?/나 자기?

'자기'와 '자신'은 논의되고 있는 사람을 가리킨다는 점에서 비슷해 보이지만 쓰임
이 다르다. '자기'는 '자기 위안, 자기 색깔, 자기 집'과 같이 주로 명사 앞에 쓰이는 반
면에 '자신'은 '나 자신, 당신 자신, 자기 자신' 등과 같이 명사나 대명사 뒤에 쓰인다.

> 예) 나 자신도 그 사실을 몰랐다.(○)　　　나 자기도 그 사실을 몰랐다.(×)
> 그 가수는 자기 색깔이 강하다.(○)　　　그 가수는 자신 색깔이 강하다.(×)

※ 띄어쓰기가 바른지 검토해 보고 문장을 바르게 고쳐 쓰십시오.

1. 학생 글 '나의 인생' 중에서

고등학교 때 재가 컴퓨터 에게 관심이 많아서 자기가 컴퓨터 언어를 배웠다.학생들 여러까지능력이 가지고 있기위해서 학교가 영어,수학,컴퓨터 등 올림빅 시험 설지했다.당연히 제가 컴퓨터 시험 참가하고 1등 받았다.그후에 한 전국적인시험 도 있는데 이것은 전국 여러까지 학교에 이기는 사람들 다 참가하는 시험이다.내가 2등 받았다.다시 생각해보면 이것은 내가 지금까지 살아오면서 겪은 가장큰 성공이다.

수정 후

2. 학생 글 '유비쿼터스의 활용' 중에서

> 병명을 알게 되고 직접적인 치료가 필요 할 경우 병원을 직접 찾아가서 치료를 하면 병원을 두번가게 되는 번거로움을 한번으로 줄일수 있다. 그리고 약을 처방 할때에도 의사가 처방을 내려 주면 집에서 프린트를 사용하여 인쇄하여 사용 할수도 있다.환자가 바로 병원을 들릴 필요 없이 약국에 가서 약을 찾아가면 시간적, 경제적 여유로움을 얻을수 있을것 이다.

수정 후

문법 용어 설명

구어와 문어의 차이

1. 말을 할 때와 글을 쓸 때를 구분해야 한다. 말을 할 때 사용하는 말을 '구어'라고 하고 글을 쓸 때 사용하는 말을 '문어'라고 한다.
    - 구어(口語, spoken language): 일상적인 대화에서 쓰는 말.
    - 문어(文語, written language): 문장에서만 쓰는 말.

구어	문어
저는 성균관대학교 학생입니다.	나는 성균관대학교 학생이다.
한국 노래 좋아하지.	나는 한국 노래를 좋아한다.
대학생이세요? 매표소에서 학생증을 제시해 주시면 10% 할인을 받으실 수 있습니다.	대학생은 매표소에서 학생증을 제시하면 10% 할인을 받을 수 있다.
외국인인데 한국어 너무 잘해.	외국인인데 한국어를 아주 잘한다.

2. 구어체는 상대와 상황에 따라 표현 방법이 다르다. 격식적인 상황에 쓰이느냐 비격식적인 상황에 쓰이느냐에 따라 달라진다. 특히 수업 중 선생님이나 학생들에게 질문을 하거나 발표를 할 때에는 격식체를 써야 한다.
    - 격식체(格式體, formal style): 의례적인 상황에서 쓰이는 표현으로, 직접적, 단정적, 객관적이다. 예 합쇼체
    - 비격식체(非格式體, informal style): 의례적인 상황이 아닌 편안한 상황에서 쓰이는 표현으로, 부드럽고 주관적이다. 예 해체, 해요체

격식체	비격식체
지금부터 한류의 성공 비결에 대해 말씀드리겠습니다.	지금부터 한류 성공 비결에 대해 말해 줄게.
안녕하십니까? 저는 사회과학계열 14학번 왕호입니다.	안녕하세요. 사회과학계열 14학번 왕호예요.
이상 오늘의 발표를 마치겠습니다. 잘 들어 주셔서 고맙습니다.	이상 발표를 마칠게. 잘 들어 줘서 고마워.

문장 성분

문장에는 그 문장을 구성하는 여러 요소가 있다. 이를 '문장 성분'이라고 한다. 문장 성분에는 주어, 서술어, 목적어, 보어, 관형어, 부사어 등이 있다.

1. 주어: 한 문장에서 서술어가 나타내는 동작이나 상태의 주체가 되는 말.

2. 서술어: 한 문장에서 주어의 움직임, 상태, 성질 따위를 서술하는 말.

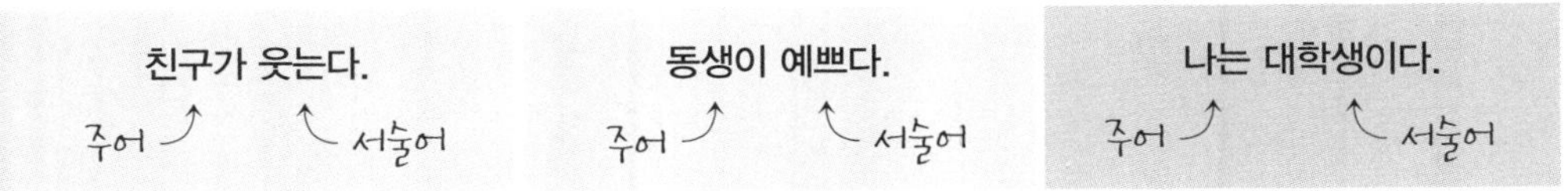

3. 목적어: 타동사가 쓰인 문장에서 동작의 대상이 되는 말.

4. 보어: 주어와 서술어만으로는 뜻이 완전하지 못한 문장에서, 그 불완전한 곳을 보충하여 뜻을 완전하게 하는 말. '되다', '아니다' 앞에 조사 '이/가'를 취하여 나타나는 말.

자동사(自動詞, intransitive verb): 동사가 나타내는 동작이나 작용이 주어에만 미치는 동사.
   예) 꽃이 핀다. / 동생이 웃는다.
타동사(他動詞, transitive verb): 동작의 대상인 목적어를 필요로 하는 동사.
   예) 철수가 밥을 먹는다. / 친구가 노래를 부른다.

5. 관형어: 체언 앞에서 체언의 뜻을 꾸며 주는 구실을 하는 말. 관형사, 동사와 형용사의 관형사형, 체언, 체언에 관형격 조사 '의'가 붙은 말, 동사와 형용사의 명사형에 관형격 조사 '의' 따위가 있다.

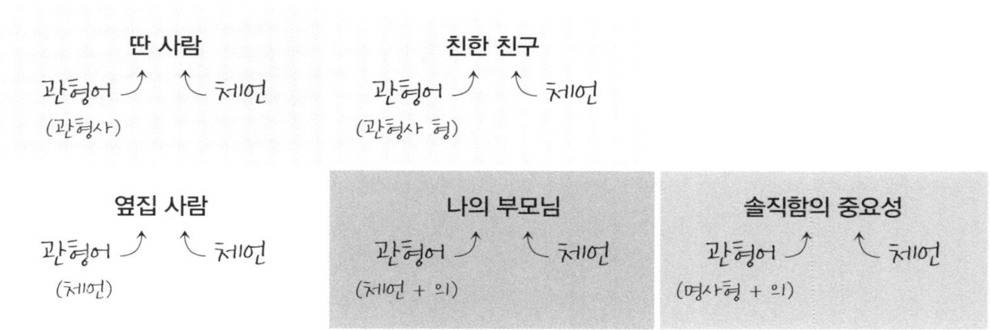

6. 부사어: 용언의 내용을 한정하는 말. 부사와 부사의 구실을 하는 단어·어절·관용어, 그리고 체언에 부사격 조사가 붙은 말, 어미 '-게'로 활용한 형용사 따위가 있다.

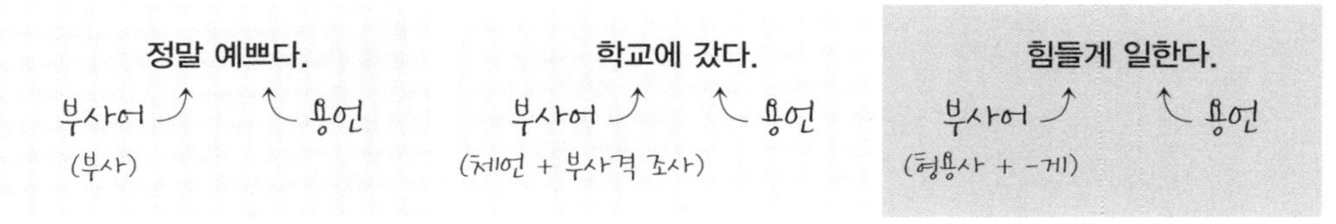

7. 독립어: 문장의 다른 성분과 밀접한 관계없이 독립적으로 쓰는 말. 감탄사, 호격 조사가 붙은 명사, 제시어, 대답하는 말, 문장 접속 부사 따위가 있다.

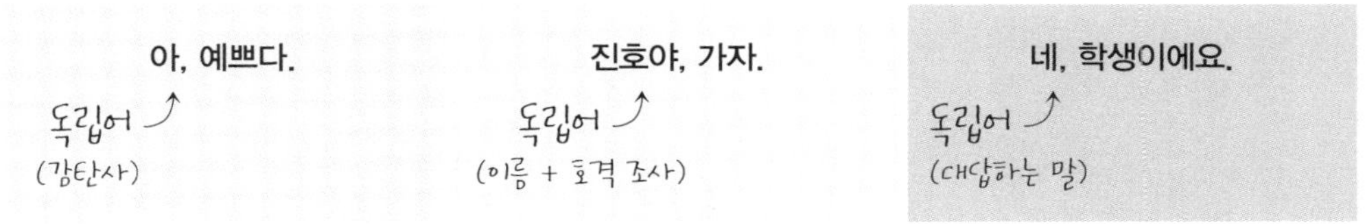

주말에는 보통 친구를 만난다. 그리고 밀린 집안일을 한다
독립어 ↗
(문장 접속 부사)

어간과 어미

　동사와 형용사는 명사와는 달리 그 모양이 변하는데, 이것을 활용이라고 한다. 활용은 동사나 형용사의 어간에 어미가 결합하는 것이다. 어간은 동사나 형용사가 활용할 때에 변하지 않는 부분을 말한다. 예를 들어 '보다', '보니', '보고'에서 '보-'와 '먹다', '먹니', '먹고'에서 '먹-'은 어간에 해당한다. 어미란 동사나 형용사, 서술격 조사가 활용하여 변하는 부분을 말한다. 예를 들어 '먹다', '먹으며', '먹고'에서 '-다', '-으며', '-고' 따위를 어미라고 한다.

　　예 보고: 보-(어간) + -고(어미)　　먹고: 먹-(어간) + -고(어미)

　한국어에는 다양한 어미가 있는데, 그 기능과 성격에 따라 몇 가지로 나눌 수 있다.

1. 종결 어미 / 연결 어미 / 전성 어미

　1) 종결 어미: 한 문장을 종결되게 하는 어미이다. 동사에는 평서형·감탄형·의문형·명령형·청유형이 있고, 형용사에는 평서형·감탄형·의문형이 있다.

　　예 학교에 간다.　　　　　　　　　간다: 가-(어간) + -ㄴ다(종결 어미)

　2) 연결 어미: 용언의 어간에 붙어 다음 말에 연결하는 구실을 하는 어미이다. '-게', '-고', '-(으)며', '-(으)면', '-(으)니', '-아/어', '-지' 등이 있다.

　　예 밥을 먹고 학교에 간다.　　　　먹고: 먹-(어간) + -고(연결 어미)

　3) 전성 어미: 용언의 어간에 붙어 다른 품사의 기능을 수행하게 하는 어미이다. 명사 전성 어미, 관형사 전성 어미, 부사 전성 어미로 나뉜다. '-기'/'-(으)ㅁ', '-ㄴ'/'-ㄹ', '-아/어'/'-게'/'-지'/'-고' 따위가 있다.

　　예 말하기가 어렵다.　　　　　　　말하기: 말하-(어간) + -기(명사 전성 어미)

2. 어말 어미 / 선어말 어미

　1) 어말 어미: 활용 어미 중에서 맨 뒤에 오는 어미이다. 선어말 어미와 대립되는 용어로서 보통은 어미라고 불리며, 종결 어미·연결 어미·전성 어미 따위로 나뉜다.

　2) 선어말 어미: 어말 어미 앞에 나타나는 어미이다. '-시-', '-옵-' 따위와 같이 높임법에 관한 것과 '-았-', '-는-', '-더-', '-겠-' 따위와 같이 시상(時相)에 관한 것이 있다.

　　예 밥을 먹었습니다.　　　　먹었습니다: 먹-(어간) + -었-(선어말 어미) + -습니다(어말 어미)

문장의 유형

    화자는 청자에게 평범하게 사실을 이야기할 수도 있고, 모르는 것을 물을 수도 있고, 어떤 행동을 하라고 명령하거나 어떤 행동을 함께 하자고 요청할 수도 있다. 이러한 기능 차이에 따라 문장은 평서문, 의문문, 명령문, 청유문 등으로 나눌 수 있다. 한국어에서는 이러한 차이를 문장의 종결 어미를 사용하여 표현한다.

1. **평서문**: 화자가 청자에게 사실을 진술하는 문장
    - **예** 주말이면 도서관에 가서 공부한다.
    - 한국의 가을 날씨는 선선하고 약간 건조하다.

2. **의문문**: 화자가 청자에게 궁금한 것을 묻는 문장
    - **예** 오늘 점심 먹었어요?
    - 이 어려운 문제를 어떻게 설명할 수 있을까?

3. **명령문**: 화자가 청자에게 어떤 행동을 해 줄 것을 요구하는 문장
    - **예** 내일까지 과제물을 제출하도록 하세요.
    - 10시에 도착하려면 9시에는 출발해라.

4. **청유문**: 화자가 청자에게 어떤 행동을 함께할 것을 요청하는 문장
    - **예** 우리 밥 먹고 차 마시러 가자.
    - 이번 주 주말에 함께 검토합시다.

5. **감탄문**: 화자가 청자에게 어떤 사실에 대해 자신의 느낌을 진술하는 문장.
    - **예** 오늘은 정말 덥구나.
    - 오늘 저녁은 진짜로 맛있네.

6. **기원문**: 화자가 이루어지기를 바라며 자신의 기원을 진술하는 문장.
    - **예** 올해에는 우리 가족 모두 건강하기를 바란다.
    - 모두 열심히 공부해서 좋은 결과를 얻었으면 좋겠습니다.

품사

   단어를 기능, 형태, 의미에 따라 나누는데, 이를 '품사'라 한다. 한국어에서는 단어를 명사, 대명사, 수사, 동사, 형용사, 관형사, 부사, 조사, 감탄사로 구분한다.

1. 명사: 사물의 이름을 나타내는 말.
   (예) 하늘, 바다, 책상, 교실 / 서울, 한국, 베이징, 뉴욕, 김수현, 존

2. 대명사: 사람이나 사물의 이름을 대신 나타내는 말.
   (예) 나, 너, 우리, 누구 / 거기, 무엇, 그것, 이것, 저기

3. 수사: 사물의 수량이나 순서를 나타내는 말.
   (예) 하나, 둘, 셋 / 첫째, 둘째, 셋째

> 체언

4. 동사: 사물의 동작이나 작용을 나타내는 말.
   (예) 자다, 먹다, 공부하다, 웃다, 울다

5. 형용사: 사물의 성질이나 상태를 나타내는 말.
   (예) 예쁘다, 크다, 작다, 아프다, 슬프다

> 용언

6. 관형사: 체언 앞에 놓여서, 그 체언의 내용을 자세히 꾸며 주는 말.
   (예) 순 살코기, 전 국민, 그 친구, 저 사람

7. 부사: 용언 또는 다른 말 앞에 놓여 그 뜻을 분명하게 하는 말.
   (예) 매우 예쁘다. / 아주 힘들다. / 점점 추워진다.

> 수식언

8. 감탄사: 말하는 이의 본능적인 놀람이나 느낌, 부름, 응답 따위를 나타내는 말.
   (예) 아, 그렇구나. / 아이고, 죽겠다.

> 독립언

9. 조사: 체언이나 부사, 어미 따위에 붙어 그 말과 다른 말과의 문법적 관계를 표시하거나 그 말의 뜻을 도와주는 말.
   (예) 저는 학교에서 점심을 먹습니다.

> 관계언

조사

한국어에는 다양한 조사가 있다. 조사가 문법적인 기능만을 하느냐 의미를 나타내느냐에 따라 격 조사와 보조사로 나뉜다.

1. 격 조사
명사 뒤에 붙어 앞말이 다른 말에 대하여 갖는 일정한 자격을 나타내는 조사이다. 주격 조사, 서술격 조사, 목적격 조사, 보격 조사, 관형격 조사, 부사격 조사, 호격 조사 따위가 있다.

1) 주격 조사: 명사가 서술어의 주어임을 표시하는 격 조사.
  예 왕호가 웃는다. / 학생이 많다.

2) 서술격 조사: 명사 뒤에 붙어 서술어 자격을 가지게 하는 격 조사.
  예 왕호가 학생이다.

3) 목적격 조사: 명사가 서술어의 목적어임을 표시하는 격 조사.
  예 왕호가 밥을 먹는다.

4) 보격 조사: 명사가 보어임을 표시하는 격 조사.
  예 왕호가 대학생이 되었다.

5) 관형격 조사: 앞에 오는 명사가 뒤에 오는 명사의 관형어임을 보이는 격 조사.
  예 왕호의 친구

6) 부사격 조사: 명사가 부사어임을 보이는 격 조사.
  예 왕호가 학교에 간다. / 왕호가 학교에서 밥을 먹는다.

7) 호격 조사: 명사가 부르는 자리에 놓이게 하여 독립어가 되게 하는 격 조사.
  예 왕호야 여기 좀 봐.

2. 보조사
어떤 특별한 의미를 더해 주는 조사이다. 명사 이외에 부사나 어미 뒤에 결합할 수 있다는 점이 특이하다. '은', '는', '도', '만', '까지', '마저', '조차', '부터' 따위가 있다.
  예 식물들은 움직일 수가 없어서 불이 나면 죽을 수밖에 없다.

시제는 일반적으로 과거, 현재, 미래로 나뉜다. 한국어에서 '과거'는 선어말 어미로 표현되며, '현재'는 종결 어미로 표현되고, '미래'는 '-ㄹ 것이다'나 선어말 어미로 표현된다.

1) '과거' 시제를 나타내는 어미가 동사에 붙었을 때에는 동작이 과거에 일어났음을 나타내거나 동작이 끝났음을 나타낸다. 그리고 형용사에 붙었을 때에는 과거에 그런 상태였음을 나타낸다.

	동사		형용사	
	가다	먹다	크다	좋다
과거	갔다	먹었다	컸다	좋았다
	학교에 갔다.	밥을 먹었다.	눈이 컸다.	눈이 좋았다.

2) '현재' 시제를 나타내는 어미가 동사에 붙었을 때에는 동작이 지금 일어나고 있음을 나타내거나 현재 사실을 나타낸다. 그리고 형용사에 붙었을 때에는 현재 그러한 상태임을 나타낸다.

	동사		형용사	
	가다	먹다	크다	좋다
현재	간다	먹는다	크다	좋다
	학교에 간다.	밥을 먹는다.	눈이 크다.	눈이 좋다.

3) '미래' 시제를 나타내는 선어말 어미와 표현은 아직 일어나지 않은 상황에 대한 추측이나 의지의 의미를 나타낸다.

	동사		형용사	
	가다	먹다	크다	좋다
미래	가겠다 갈 것이다	먹겠다 먹을 것이다	크겠다 클 것이다	좋겠다 좋을 것이다
	학교에 가겠다. 학교에 갈 것이다.	밥을 먹겠다. 밥을 먹을 것이다.	눈이 크겠다. 눈이 클 것이다.	눈이 좋겠다. 눈이 좋을 것이다.

부록

연습 문제 답안

1과 연습 문제

1. 쪽지

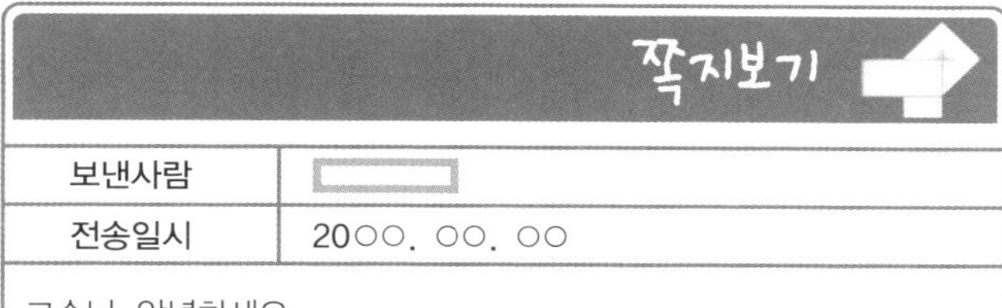

보낸사람	
전송일시	20○○. ○○. ○○

교수님, 안녕하세요.
저는 한국 문화와 언어 수업을 듣고 있는 ○○○학과 ○○학번 ○○○
입니다.
이번 중간고사 시험 범위를 알고 싶어서 문자를 드립니다. 지난 시간
에 결석을 해서 시험 범위를 듣지 못했습니다. 죄송하지만 시험 범위
좀 알려 주십시오. 번거롭게 해서 죄송합니다.

2. 이메일

| 답장 | 전체답장 | 전달 | | ×삭제 | 스팸차단 ▼ | 편지이동 ▼ | 읽음표시 ▼ |

☆ 과제물 제출 | 관련편지검색

⊞ 보낸사람 : ⬛⬛⬛⬛   '14. 06. 21 10:35 | 주소추가 | 수신차단

📎 첨부파일 1개가 있습니다. 바로가기

교수님, 안녕하세요.
저는 한국 문화와 언어 수업을 듣고 있는 ○○○계열 ○○학번 ○○○입니다.
기말 과제물을 아이캠퍼스에 제출했는데, 파일에 오류가 발생해서 메일로 다시 제출합니다.
기말 과제물을 검토하실 때 이번에 제출한 파일을 검토해 주시기 바랍니다.
한 학기 동안 가르쳐 주셔서 감사했습니다. 안녕히 계십시오.

20○○. ○. ○.
○○○ 올림

1. 문자 메시지

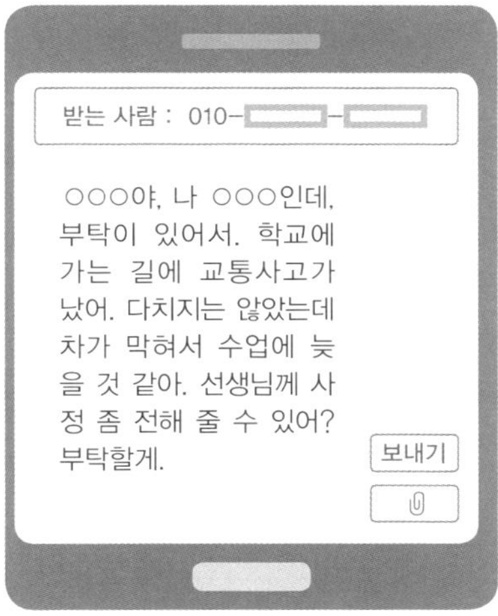

2. 쪽지

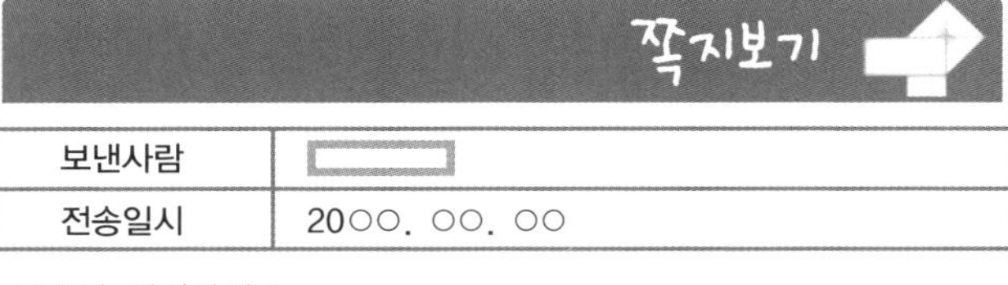

보낸사람	
전송일시	20○○. ○○. ○○

교수님, 안녕하세요.
저는 한국 문화와 언어 수업을 듣고 있는 ○○○학과 ○○학번 ○○○입니다.
급한 일이 생겨서 과제물을 제시간에 제출하지 못할 것 같습니다. 과제물을 늦게 제출해도 괜찮습니까? 정말 죄송합니다. 다음부터는 이런 일이 생기지 않도록 하겠습니다.

3. 이메일

교수님, 안녕하세요.
저는 한국 문화와 언어 수업을 듣고 있는 ○○○계열 ○○학번 ○○○입니다.
죄송하지만 중요한 학과 행사 때문에 이번 주 한국 문화와 언어 수업에 들어가지 못했습니다. 학과 행사 참여 확인서를 함께 제출합니다.
다음 시간에 뵙겠습니다. 안녕히 계세요.

20○○. ○. ○.
○○○ 올림

2과 연습 문제

– 27~28쪽

1. 나는 수영을 좋아해서 당연히 바다를 선택할 수밖에 없었다.
2. 우리 여행의 목적지는 태국 방콕이다. 우리는 크리스마스부터 4일 동안 방콕에 있을 것이다.
3. 아버지는 담배를 많이 피우고 술도 좋아하는 편이다./아버지께서는 담배를 많이 피우고 술도 좋아하시는 편이다.
4. 이번 학기에는 수업도 많고 숙제도 많고 아르바이트도 있어서 정말 힘들다.
5. 아버지께서는 나와 생활 방식이 많이 다르지만 나에게 좋은 말씀을 많이 해주신다./아버지께서는 나와 생활 방식이 많이 다르지만 나에게 좋은 말씀을 많이 해주신다.
6. 쌍둥이는 외모는 비슷하지만 성격이 다르다. 왜냐하면 환경이 아이의 심리에 영향을 주기 때문이다.
7. 기분이 나쁠 때에는 친구와 이야기할 수 있다. 친구와 이야기한 후에 기분이 실제로 좋아질 수 있다.
8. 나는 고등학교를 졸업한 후에 동아리 친구와 같이 한 달 동안 자전거로 여행을 했다.
9. 발표하기 전에 열 번을 반복해서 연습하면 발표를 잘할 수 있을 것이다.
10. 중국에서 유명한 손자는 이런(이러한) 말을 했다고 한다. "성공한 사람은 순간의 성취감을 느끼지만 실패한 사람은 영원한 패배감만 느낍니다."

- 29쪽

> 1.   서론
> 현재 중국은 쓰레기를 잘못 처리하기 때문에 환경 문제가 심각하다. 중국 사람들은 항상 쓰레기를 분류하지 않고 그냥 버린다. 우리가 버린 쓰레기들이 대기 오염, 수질 오염, 토양 오염 등 심각한 환경 문제를 일으킨다.

- 30쪽

> 발표 순서는 다음과 같습니다. 먼저 대기오염의 정의에 대해 발표하겠습니다. 다음으로 자동차 오염 물질의 종류에 대해 설명하겠습니다. 마지막으로 대기오염의 영향을 말씀드리겠습니다. 대기오염은 인위적 발생원에서 배출된 물질이 생물이나 물체에 직접적으로 해를 끼칠 만큼 다량으로 대기 중에 존재하는 상태입니다.

3과 연습 문제

- 39~40쪽

1. 나는 한국에 오기 전에 1년 동안 영어 공부만 했다./영어만 공부했다.
2. 저는 오늘 사회화에 관한 이론을 주제로 발표하겠습니다./저는 오늘 사회화에 관한 이론에 대해 발표하겠습니다.
3. 중국의 문화와 한국의 문화를 비교하면 같은 것이 있지만 대부분은 다르다./중국과 한국의 문화를 비교하면 같은 것도 있지만 대부분은 다르다.
4. 내가 생각하기에는 영어보다 한국어가 훨씬 더 쉽다./나는 영어보다 한국어가 훨씬 더 쉽다고 생각한다.
5. 사람들은 대부분 일 때문에 스트레스를 많이 받는다./사람들은 대부분 일이 많기 때문에 스트레스를 많이 받는다.
6. 이 보고서는 중국의 산아 제한에 대한 것이다.
7. 학교는 청소년을 보호하고 청소년에게 도움을 줄 필요가 있다./학교는 청소년을 보호하고 도와줄 필요가 있다.
8. 중국의 인구 문제에서는 그 전에 보이지 않던 복잡한 국면이 보인다./중국의 인구 문제에서는 그 전에 보이지 않던 복잡한 국면이 보인다.
9. 지구 온난화를 예방하기 위해 우리가 생활에서 실천할 수 있는 것이 많다.
10. '티끌 모아 태산'이라는 말이 있다. 우리 스스로 이산화탄소의 배출을 줄이도록 노력해야 한다.

- 41쪽

> 우리는 외국인이어서 매일 한국어를 쓰는 것이 어렵다고 생각한다. 외국 사람들은 한국 사람처럼 말할 수 없다. 그리고 한국어 실력이 아주 많이 부족해서 수업 내용을 다 이해할 수 없다고 생각한다. 그래서 수업 시간에 다른 친구에게 수업 내용을 물어보면 쉽게 내용을 이해할 것 같다.

- 42쪽

> 컴퓨터 게임 중독자의 증상에 대해서 살펴보겠습니다. 컴퓨터 게임 중독자는 여러 증상을 보입니다. 행위가 변덕스럽고 성격도 내성적입니다. 또한 사회적인 문제와 경제적인 문제에 관심이 없습니다. 특히 컴퓨터 게임에 중독된 청소년들은 공부를 안 하고 학교에 가기도 싫어해서 날마다 몇 시간씩 집에서 게임을 하거나 친구와 같이 PC방에 가서 게임을 합니다.

4과 연습 문제

- 49~50쪽

1. 우리 아버지는 성격이 내성적이다./우리 아버지는 내성적이다.
2. 한국 사람도 예절을 아주 많이 중시한다.
3. 우리 아버지는 키가 작지만 지혜롭다.

4. 스트레스 해소를 위해 사람들은 영화를 보는 습관이 있다./스트레스를 해소하기 위해 사람들은 영화를 보는 습관이 있다.
5. 2014년에는 중국의 스마트폰 산업이 아주 빠르게 발전했다.
6. 좋은 회사에 취직하면 돈을 더 많이 벌 수 있다.
7. 인생에서 성공과 좌절은 반복되어 나타난다./인생에서 성공과 좌절은 반복적으로 나타난다.
8. 지난 100년 동안 서울의 평균 온도가 2도 정도 상승했다.
9. 환경이 아이의 심리에 주는 영향을 소개한다. 가족과 학교의 영향 두 가지에 대해 소개한다.
10. 다음으로 한국 드라마 '별에서 온 그대'가 중국에 미치는 영향에 대해서 말씀드리겠습니다./다음으로 한국 드라마 '별에서 온 그대'가 중국에 미친 영향에 대해서 말씀드리겠습니다.

– 51쪽

21세기 회사에서는 재능이 있는 사람을 필요로 한다. 그런데 사실 못생겨서 취업을 못하는 경우가 많다. 왜냐하면 그 사람의 첫인상이 좋지 않기 때문이다. 이러한 예를 보면 첫인상이 얼마나 중요한지 알 수 있다.

일반적으로 사람들은 첫인상을 바꾸지 못한다고 생각하지만 노력을 하면 바꿀 수 있다.

– 52쪽

저도 국제결혼을 하면 언어와 문화 차이 때문에 생기는 문제가 많다는 것에 동의합니다. 언어는 생각을 소통하는 매개입니다. 상대방의 마음을 언어로 알 수 있기 때문에 언어 문제가 있으면 상대방의 말을 오해하거나 잘못 이해할 수 있습니다. 사람이 자라던 환경에 따라서 문화와 사고방식이 다를 수 있으므로 국적이 다른 사람이 같이 생활하면 문제가 쉽게 생깁니다.

5과 연습 문제

– 59~60쪽

1. 컴퓨터의 메모리 용량이 크다.
2. 인터넷 쇼핑몰은 백화점보다 물건값이 더 싸고 상품 종류도 많다.
3. 우리는 수질을 원래 모습으로 되돌리기 위해 노력해야 한다./우리는 수질을 원래 모습으로 바꾸기 위해 노력해야 한다.
4. 인생에서 성공과 노력은 나뉘지 않는다. 성공과 노력은 하나이다.
5. 미국인의 97%가 영어를 잘 사용한다. 0.8%만이 영어를 사용하지 않는다.
6. 특히 내가 힘들 때에는 아버지의 말씀이 나에게 아주 유용하다./특히 내가 힘들 때에는 아버지의 말씀이 나에게 많이 도움이 된다.
7. 내가 생각하기에는 노력은 성공의 기초이고 재능은 성공의 열쇠이다. 재능은 노력보다 더 중요하다./내 생각에는 노력은 성공의 기초이고 재능은 성공의 열쇠이다. 재능은 노력보다 더 중요하다.
8. 면접관은 내가 방송에 맞지 않는다고 하였다.
9. 보통 아들들은 아버지를 무서워하지만 아버지와 나는 사이가 아주 좋다./보통 아들들은 아버지를 무서워하지만 나는 아버지와 아주 친하다.
10. 효율적인 의사소통을 위해서 먼저 의사소통의 방법을 알아야 된다.

– 61쪽

일을 잘하고 싶으면 실패를 두려워하지 말아야 한다. 한국어를 공부할 때 가장 걱정되는 과목이 바로 쓰기다. 왜냐하면 쓰기는 문법이 필요하고 단어 변형도 많이 일어나기 때문이다. 그리고 쓰기 시험은 시간도 적고 시험 문제도 많아서 아는 문제도 많이 틀린다. 어학원에서 공부할 때 평소에 수업을 잘 들었고 시험 전에 공부했는데 시험지를 받은 후에 공부한 것을 다 잊어버렸다.

- 62쪽

아래 여러 그래프의 수치에 따르면 30~40년 이후 중국은 인구가 급속히 줄어들 것이다. 앞으로 중국 정부는 인구 문제가 심각해질 것인지 아닌지를 예상하고 발생할 문제에 대비해야 한다. 사실 지금 이 대책을 중국의 7~8개 도시에서 시험적으로 시행해 보고 있다. 언제 전국적으로 보급될지 모르겠지만 국민의 요구가 커지고 있으므로 전국적으로 보급되는 것은 오래 걸리지 않을 것이다.

6과 연습 문제

- 69~70쪽

1. 아버지는 내가 가장 존경하는 사람이다.
2. 중국은 지형과 지역에 따라 다양한 기후를 보인다. / 중국은 지형과 지역에 따라 기후가 다양하다.
3. 나는 회사에 안 가고 집에 있는 시간에 항상 차를 마시는 편이다.
4. 가장 중요한 것은 중국 자체가 문화 산업을 중시해야 한다는 것이다.
5. 우리는 먼저 캥거루를 본 후에 다른 관광지를 갈 것이다. / 우리는 먼저 캥거루를 본 후에 다른 관광지에 갈 것이다.
6. 내가 제일 좋아하는 음식은 아버지가 만든 음식이다.
7. 사실 내 인생에서 이룬 가장 큰 성공은 대학교에 입학한 것이다.
8. 아버지는 나를 데리고 집으로 가셨다. 집에 가는 길에 나의 가슴이 쿵쾅거렸다.
9. 우리는 다른 사람을 처음 볼 때에 예절이 있는 사람에게 좋은 인상을 받는다. / 우리는 다른 사람을 처음 볼 때에 예의가 바른 사람에게 좋은 인상을 받는다.
10. 예전에는 가족들이 농사만 지었기 때문에 아이에게 주의할 시간이 없었다. / 예전에는 가족들이 농사만 지었기 때문에 아이를 돌볼 시간이 없었다.

- 71쪽

단편영화 광고는 인터넷에 제공되는 동영상의 한 종류이다. 인터넷 매체는 독자(이용자)와 상호 작용을 한다. 그것은 전통 광고에는 없는 것이다. 인터넷 동영상을 좋아하는 사람들은 단편영화 광고에 관심을 가진다. 그렇지만 노인과 아동들은 인터넷을 사용하지 않는다. 그래서 단편영화 광고는 노인과 아동들에게 크게 영향을 주지 않는다.

- 72쪽

당시에 저는 여행만 좋아했고 대학교에 입학할 생각이 없었습니다. 그래서 부모님께서 너무 슬퍼하셨습니다. 매일 부모님 돈으로 친구와 놀았습니다. 그렇지만 한국에 온 후에 열심히 공부하고 아르바이트도 했습니다. 제가 한국에서 처음 아르바이트를 해서 번 돈으로 제주도를 여행했고 부모님께 드릴 선물도 사서 고향에 돌아갔습니다. 지금은 대학교에 입학해 대학 생활을 즐기고 있습니다.

7과 연습 문제

- 79~80쪽

1. 이 보고서에서는 현재 중국이 직면한 경제 문제와 그 대책에 대해 고찰하였다.
2. 광고 경쟁이 증가하는 시장에서 단편 영화가 사람들의 관심을 많이 받았다.
3. 영은사는 중국 강남에서 유명한 고찰 중의 하나이며 중국 불교 10대 고찰 중의 하나이다.
4. 나는 고등학교에 다닐 때에 컴퓨터에 관심이 많아서 컴퓨터 언어를 배웠다.

5. 이런 장점을 친구들에게 소개하면 친구들이 한국에 관심이 더 생길 것이다.
6. 지금 중국에는 쓰레기를 분류하는 처리법이 없다.
7. 우리 아버지는 내 인생에서 가장 중요한 선생님이고 친한 친구이다.
8. 사회에나 가족들에게도 좋은 영향을 많이 줄/미칠 수 있다고 생각한다.
9. 이 자료를 보면 요즘 사람들은 쇼핑할 시간이 없어서 온라인 쇼핑을 많이 선택했다.
10. 여러 가지 사회 문제가 중국 시장 환경에 나쁜 영향을 많이 주고 소비자의 심리에도 나쁜 영향을 주었다./여러 가지 사회 문제가 중국 시장 환경과 소비자의 심리에 나쁜 영향을 끼쳤다.

– 81쪽

마지막으로 인구의 해외 이동 문제이다. 지금은 세계적으로 국가 간의 교류가 활발해져서 이민을 가는 사람도 많아졌다. 그런데 개발도상국의 입장에서 이런 사람이 많으면 정부가 국가를 이끌어 가기가 힘들어진다. 그리고 노동량이 나이가 많은 사람에게 집중되면 노동 시장에 나쁜 영향을 끼칠 수 있다. 사회와 기업들에 나쁜 영향을 많이 끼칠 수 있기 때문에 정부 운영이 어려워질 것이다.

– 82쪽

만리장성은 중국인에게 제일 자랑스러운 유적이라고 생각합니다. 중국 만리장성은 북방 민족의 침입을 막기 위하여 쌓은 것입니다. 만리장성은 중국인이 만든 세계적인 기적 중의 하나로, 옛날 중국인의 노력과 지혜가 잘 표현되어 있습니다. 만리장성은 중국뿐만 아니라 세계적인 문화 유적입니다. 제 생각에 만리장성은 세계 인류에게 의미가 제일 큰 건축물입니다.

8과 연습 문제

– 89~90쪽

1. 오락 프로그램의 저속화 현상이 나타난 배경을 살펴보자.
2. 중국은 스마트폰 시장의 규모가 가장 큰 나라이다.
3. 유교 사상이 중국의 주류 문화가 된 이유는 유교 사상의 기초가 삼강오륜이기 때문이다.
4. 아버지는 사업을 하셨기 때문에 돈도 많이 벌고 친구들도 많았다.
5. 사람을 대상으로 연구하면 연구자는 죽을 때까지 한 세대만 연구할 수 있다.
6. 이 친구는 내가 유학할 때에 가족처럼 옆에서 나를 도와준 친구이다.
7. 이 사진은 중국 상해에 있는 치킨집 앞의 모습을 찍은 것이다.
8. 사람들은 매일 밥을 통해 단백질을 충분히 섭취할 수 있다.
9. 학생들은 체벌을 받으면 대부분 반항하는 생각이 생긴다./학생들은 체벌을 받으면 대부분 반항심이 생긴다.
10. 경복궁은 한국 역사의 다양한 모습을 담고 있다./경복궁에는 한국 역사의 다양한 모습이 담겨 있다.

– 91쪽

오랫동안 중국은 개혁·개방 정책을 시행해서 현재 각 지역이 균형있게 발전하지 못했다. 중국 정부는 동부 지방을 먼저 개발했고 다른 지역은 나중에 개발했다. 신화일보에 따르면 2011년 중국 광동성의 GDP는 52674억 위안화인 반면 중국 서장의 GDP는 606억 위안화였다. 이처럼 각 지역의 빈부 격차가 점점 커졌다. 이것은 중국 발전의 가장 큰 장애가 되었다.

- 92쪽

상술한 바를 종합하면, 미국 영어의
형성은 미국 사회와 민족 성격과 밀접
하게 연관되어 있다. 그 특유한 스타일
은 미국 영어에 끊임없이 영향을 주었
다. 미국 사람들은 새로움을 추구하고
실험과 창조를 좋아한다. 그러나 영국
사람들은 전통을 준수하고 통일 규범을
중시한다. 이처럼 양국 국민의 민족성이
다르다. 그래서 언어를 운용하는 태도와
그 실현 형태가 차이를 보인다.

9과 연습 문제

- 99~100쪽

1. 아버지는 자주 이것저것을 하지 말라고 했다./ 아버지께서는 자주 이것저것을 하지 말라고 하셨다.

2. 요즘 사람들은 스타 마케팅 전략이 무엇이냐고 물어보는 상황이 별로 없다./요즘 사람들은 스타 마케팅 전략이 무엇이냐고 물어보지 않는다.

3. 중국 교육부의 해외 유학 데이터(자료)에 따르면 중국 유학인의 수가 2009년에는 약 23만 명이었으나 2013년에는 약 41만 명으로 꾸준히 증가하는 것으로 나타났다.

4. 교육부 자료에 따르면 미국의 공립 대학교 학비는 2~4만 달러이고, 사립 대학교 학비는 4~6만 달러라고 한다.

5. 중국 ○○부의 "2013년 사회 서비스 발전 통계 공보"에 따르면 2013년 말 중국의 60세 이상 노령 인구는 2억 243만 명을 기록했다.[1]

   1) 新华通訊(신화통신), 기사 제목, 기사 발행 일자.

6. 박서진(2011: 12)에서는 간접 광고(Indirect Action Advertising)를 "소비자가 직접 구매 행동에 옮기게 하는 것이 아니라 간접적으로 효과를 얻으려 하는 광고로서 기업 광고 등의 직접 광고에 대응하는 말"[1]로 정의하고 있다.

   1) 박서진, 『광고란 무엇인가』, 영재출판사, 2011, p. 12.

7. 2014년 10월 중국의 외환 보유고가 4조 달러이다.[1]

   1) 华富基金(화부기금), '四万亿投资, 是否力挽狂澜'(번역문), 20014년 12월 29일자.

8. "미래와 경영"에 따르면 온라인 쇼핑이란 인터넷이나 PC 통신 등 컴퓨터 통신을 이용하여 상품을 검색하고 주문하는 것을 말한다.[1]

   1) 경영 연구소, "미래와 경영", ○○출판사, 2006. ○쪽.

9. 김주영(2013)에 따르면 커피숍은 만남의 공간이자 상업 공간이고 엔터테인먼트 공간이며 학습 공간이다.[1]

   1) 김주영, 『커피와 문화, 그리고 산업』, 청솔출판사, 2013. ○쪽.

10. '한류 경제 문화 효과 분석'에 따르면 2012년 한류가 한국의 국내 경제에 미친 효과는 56억 달러를 넘어섰다.[1]

    1) 한국 아시아 문화산업교류재단, 『한류 경제 문화 효과 분석』, ○○출판사, 2012. ○쪽.

- 101쪽

고등학생 때 나는 공부를 싫어해서
정말로 성적이 그다지 좋지 않았다. 그
런데 고3 때부터 공부의 중요성을 이
해했다. 그래서 그때부터 열심히 공부하
기 시작했다. 좋은 대학교에 가기 위하
여 1년 동안 열심히 공부했다. 고3 의
마지막 시험에서 마침내 반에서 2등을
했다. 이것이 지금까지 내가 가장 성공
한 일이다.

이	상	의		표	를		통	해	서		알		수		있	듯	이
최	근		10	년		동	안		농	약		사	고		때	문	에	죽
은		사	람	이		점	점		많	아	지	고		있	습	니	다	.
그	리	고		비	농	업	인	의		사	망	률	이		농	업	인 의
사	망	률	보	다		많	은		것	을		알		수		있	습	니 다 .
왜	냐	하	면		농	약	과		비	료	를		다	량	으	로		사 용
하	고		있	어	서		농	작	물	의		품	질	이		점	점	낮
아	지	고		있	기		때	문	입	니	다	.	과	일	이	나		야 채
의		품	질	을		미	리		검	사	하	지		않	고		먹	거 나
마	시	면		건	강	을		해	칠		수		있	습	니	다	.	

10과 연습 문제

1. 나는 어렸을 때에 아버지와 사이가 별로 안 좋았다.
2. 작년 3분기까지 스마트폰의 판매량은 전화 판매량의 90%를 차지했다.
3. 나는 중학교에 다닐 때에 다른 도시에서 학교에 다녔기 때문에 일주일에 한 번 집에 갔다.
4. 10살 때에 요리를 배웠는데 처음에는 자주 실수를 해서 충격을 받았다.
5. 제도 정비: 연금보험 제도를 완벽하게 해야 한다./제도 정비: 연금보험 제도를 완벽하게 고쳐야 한다.
6. 2008년 국제 금융 위기는 중국의 대외 무역에 나쁜 영향을 미쳤다(끼쳤다).
7. 지금은 광고를 어디에서든지 다 볼 수 있다.
8. 아버지는 평범한 가정에서 태어났으나 평범한 생활에 굴복하지 않았다.
9. 여행을 가기 전에 지도와 여권을 챙겨야 한다.
10. 하와이의 날씨를 보고 적합한 옷을 가져가야 한다. 비행기 표를 미리 예약해야 한다. 제일 중요한 일은 충분한 돈을 준비하는 것이다.

할	아	버	지	와		할	머	니	는		아	이	의		모	든		것
에		관	심	이		많	다	.	항	상		아	이	가		가	장		중
요	하	다	고		생	각	한	다	.	아	이	가		잘		놀	고		잘
먹	어	야		한	다	고		생	각	한	다	.	문	제	가		생	겨 도
항	상		괜	찮	다	고		하	고		잔	소	리		정	도	만		한
다	.	그	래	서		아	이	는		나	약	해	지	고		제	멋	대 로
행	동	하	게		된	다	.	아	이	는		자	신	이		세	계	의
중	심	이	라	고		생	각	하	고		어	려	운		문	제	나		좌
절	을		무	서	워	하	는		성	격	이		된	다	.	이	런		아
이	의		교	육	이		더		어	렵	다	.	이	런		아	이	는	
권	고	하	는		말	도		듣	지		않	고		예	의	도		없	고
주	의	도		산	만	하	다	.										

내	가		생	각	하	는		아	버	지	는		마	음	이		따	뜻
한		사	람	이	다	.	아	버	지	의		따	뜻	한		마	음	을
알		수		있	었	던		일	이		있	었	다	.	내	가		고 등
학	교	에		다	닐		때		있	었	던		일	이	다	.	학	교 가
끝	나	고		집	에		가	는		길	이	었	다	.	길	을		건	너
고		있	는	데		택	시	가		나	를		보	지		못	해	서
교	통	사	고	가		났	다	.	아	버	지	는		다	친		나	를
계	속	해	서		돌	봐	주	고		많	이		걱	정	했	다	.	그	때
나	는		아	버	지	의		따	뜻	한		마	음	을		알	게		되
었	다	.	나	는		아	버	지	가		나	를		많	이		사	랑	하
고		있	다	는		것	을		느	꼈	다	.							

11과 연습 문제

1. 우리는 비행기를 타러 갈 것이다.
2. 요즘은 중국에 살고 있는 외국 사람들도 많이 있다.
3. 한국 사람들은 모자를 쓰는 것을 좋아한다.
4. 나는 한국에 오기 전에 아버지와 이야기를 해본 적이 있다.
5. 나는 초등학교 1학년 때 집 앞에서 넘어졌다. 그때 오른손 뼈가 부러진 줄 모르고 방바닥에서 엎드려 울기만 했다.
6. 한류가 경제에 미치는/미친 영향은 두 가지이다.

7. 중국의 산업이 발전함에 따라 중국의 자연 자원이 점점 부족해졌다.
8. 이 성공과 좌절의 경험을 통해 많은 교훈을 얻었다.
9. 먼저 나는 한국에 오기 위해서 필요한 여러 가지 서류를 준비했다.
10. 미국의 경제가 악화될수록 중국의 경제 상황도 나빠졌다. 왜냐하면 미국은 중국의 주요 수출국이기 때문이다.

- 119쪽

2008년 미국에서 발생한 금융 위기는 세계 여러 나라에 큰 영향을 끼쳤다. 특히 선진국의 국가 경제에 심각한 문제를 일으켰다. 많은 선진국의 경제가 침체했다. 그 때문에 중국의 대외 무역에도 문제가 발생했다. 왜냐하면 중국 경제에서 수출이 많은 비중을 차지하기 때문이다. 그래서 금융 위기 이후 중국 경제의 상승세가 약화되었다.

- 120쪽

미국은 경제, 정치, 군사 등 각 방면에서 고속으로 발전한다. 그래서 미국이 세계 강국이 된다. 두 번의 세계대전이 발발하고 나서 미국이 세계에서 중요한 위치를 차지한다. 그 후에 미국은 영어를 여러 나라에 수출한다. 언어의 수출은 문화의 수출로 이어진다. 그 영향력은 세계의 모든 곳에 미치게 된다.

12과 연습 문제

- 125~126쪽

1. 요즘 가슴이 답답해서 여행을 가고 싶다. 그래서 여행 계획서를 작성했다.
2. 돈, 화장품, 교통카드, 코트, 우산과 내가 제일 좋아하는 카메라 등을 준비한다.
3. 그런 후에 여행에 필요한 물건을 준비해야 한다.
4. 그것은 단편영화 광고와 전통 광고의 큰 차이이다.
5. APEC은 경제 합작을 정책의 주요 방향으로 정하고, 해야 할 일과 하지 말아야 할 일을 구분해야 한다.
6. 환경과 자연이 중국 경제에서 중요한 요소가 되었다.
7. 매년 참가하는 중국어 능력 시험 인원은 88,000명이며, 이 중 55,000명이 한국 수험생이다.
8. 다른 나라에서 시행하는 제도 중에서 좋은 점을 배워야 된다.
9. 텔레비전을 보거나 컴퓨터를 할 때에 광고를 볼 수 있을 것이다./볼 수 있다.
10. 한국과 중국 간의 무역은 1992년 정식으로 외교 관계를 수립한 이후에 확대되기 시작하였다.

- 127쪽

고등학교에 다닐 때 나는 컴퓨터에 관심이 많아서 혼자서 컴퓨터 언어를 배웠다. 학생들의 여러 능력을 키우기 위해서 학교에서 영어, 수학, 컴퓨터 등 올림픽 시험을 실시했다. 당연히 나는 컴퓨터 시험에 참가해서 1등을 했다. 전국적인 시험도 있었는데 그 시험은 전국 여러 학교에서 우승한 사람들이 참가하는 시험이었다. 나는 그 시험에서 2등을 했다. 다시 생각해 보면 이것은 내가 지금까지 살면서 겪은 가장 큰 성공이다.

- 128쪽

병명을 알게 되고 직접적인 치료가 필요할 경우 병원을 직접 찾아가서 치료를 받으면 병원을 두 번 가게 되는 번거로움을 한 번으로 줄일 수 있다. 그리고 약을 처방받을 때에도 의사가 처방을 내려주면 집에서 인쇄하여 사용할 수도 있다. 환자가 병원을 들릴 필요 없이 바로 약국에 가서 약을 찾아가면 시간적·경제적인 여유로움을 얻을 수 있을 것이다.

한국어 문장 바로 쓰기

초판 1쇄 발행 2016년 4월 29일
초판 8쇄 발행 2023년 2월 28일

지은이 김경훤 · 유하라 · 현원숙 · 김희경 · 오광근 · 홍은실
펴낸이 유지범
책임편집 신철호
편　집 현상철 · 구남희
외주디자인 아베끄
마케팅 박정수 · 김지현

펴낸곳 성균관대학교 출판부
등록 1975년 5월 21일 제1975-9호
주소 03063 서울특별시 종로구 성균관로 25-2
대표전화 02)760-1253~4
팩시밀리 02)762-7452
홈페이지 press.skku.edu

ISBN　979-11-5550-163-4　14710
　　　　979-11-5550-162-7　（세트）

잘못된 책은 구입한 곳에서 교환해 드립니다.